Comm[t] EDMOND FERRY

La France en Afrique

Bonaparte et le Monde musulman.

Soudan français, Maroc et Algérie.

Tripolitaine — Centre africain — La conquête du Nil.

L'action civilisatrice de la France.

Librairie Armand Colin

Paris, 5, rue de Mézières

La France en Afrique

Comm[t] EDMOND FERRY

La France en Afrique

« C'est avant tout par son empire africain que la France est assurée de demeurer une puissance mondiale. »

(*Discours de M. le Ministre des Affaires étrangères*, 10 novembre 1904).

Librairie Armand Colin

Paris, 5, rue de Mézières

1905

A

M. le Général de Division NIOX

Hommage respectueux.

LA FRANCE EN AFRIQUE

BONAPARTE ET LE MONDE MUSULMAN

I

LA POLITIQUE DE BONAPARTE

Le célèbre orientaliste, Champollion le Jeune, aimait à raconter que reçu à dîner, lors de son voyage aux ruines égyptiennes, chez un bey de la Thébaïde, celui-ci, au lieu de boire au roi de France — alors Charles X — pour répondre au toast que le savant français venait de porter au vice-roi, s'était écrié avec l'accent du plus vif enthousiasme : « Je vais te proposer un toast que tu ne refuseras pas : Au grand Bonaparte ! » Hommage caractéristique, bien faible cependant à côté de celui que, récemment, pendant un séjour au Soudan français, nous avons entendu de la bouche d'un chef de tribu des bords du Niger, dans un village perdu dans la brousse, aux environs de Say. Nous « palabrions » avec ce chef, vieillard à l'aspect misérable, quand tout à coup il nous jeta en un arabe déformé cette interrogation : « Es-tu du pays d'Ali Bounaberdi ? » et, sur notre réponse affirmative : « Mon père m'en a souvent parlé comme d'un très grand chef ; c'était un ami et un protecteur des musulmans. »

Ainsi, ce nom de Bonaparte était prononcé plus de cent ans après l'expédition d'Égypte par un homme ne sachant ni lire ni écrire, qui nomadisait à l'aventure dans cette solitude des steppes de l'Afrique centrale ! Et cette légende, gardée dans les tribus, répétée de père en fils, me rendait de suite tous ces gens favorables ! car le vieux chef répétait : « Bon musulman, bon musulman ; toi aussi, ami des musulmans. »

Je revoyais l'armée française dans la vallée du Nil, les Pyramides, le Mont-Thabor, Aboukir, la légende se créant, courant l'Afrique avec cette rapidité qu'y mettent les nouvelles à franchir les plus énormes distances, s'amplifiant de bouche en bouche, se conservant à travers les temps. Je sentais venir jusqu'à moi l'influence lointaine de celui qui avait su, au milieu des batailles, se faire reconnaître comme un ami et un protecteur par le peuple le plus réfractaire, le moins assimilable du monde. Je sentais de quel prix avait pu être, pour le développement de la puissance française dans l'Afrique du Nord, cette action de Bonaparte sur le *monde musulman*, où politique et religion se tiennent étroitement unies ; de quel prix elle était, aujourd'hui que ce monde a des points multiples de contact avec nous, et quels enseignements on pourrait y trouver pour l'organisation et le gouvernement de nos colonies de l'Ouest africain, si on voulait en analyser tous les éléments, si l'on s'attachait à dégager des documents qui s'y rapportent *la politique* que suivit le commandant en chef de l'armée expéditionnaire et *les procédés* qu'il employa pour l'appliquer.

Bonaparte allait trouver en Orient, dans ce pays de soleil et de fastueuses mises en scène, un champ merveilleux pour ses exceptionnelles facultés d'activité, d'imagination, de réflexion, de décision et d'énergie. Il y joignit, dans un sage esprit de politique avisée, des qualités de patience et de modération que, plus tard, l'habitude du succès et la complète omnipotence devaient lui faire oublier.

Il n'ignorait pas, lorsqu'il quitta Toulon, le 19 mai 1798, ce qu'avait écrit Volney, dix ans auparavant, au sujet de la conquête de l'Egypte : « Pour s'y établir, il faudra soutenir trois guerres : la première contre l'Angleterre, la seconde contre la Porte, mais la troisième, la plus difficile de toutes, contre les musulmans qui forment la population de ce pays. Cette dernière occasionnera tant de pertes que peut-être doit-elle être considérée comme un obstacle insurmontable. »

Bonaparte n'était pas de ceux qui craignaient l'Angleterre. Mais, parti pour « jeter en Égypte le fondement de la puissance française » et y créer une base d'opérations stable « d'où l'on puisse saper la domination gigantesque de l'Anglais dans l'Inde [1] », il sentait parfaitement que toute installation permanente de la France sur les bords du Nil serait irréalisable, si l'on se jetait dans les luttes religieuses, si l'on ne se donnait comme premiers et indispensables auxiliaires, le Coran et ses interprètes.

Les victoires brisent les résistances, abattent les obstacles ; aussi éclatantes soient-elles, elles ne forcent pas les consciences. Le vaincu reste toujours un homme, et nul alors ne pouvait mieux se rendre compte de ces vérités éternelles que le Bonaparte de 1798, sorti hier des tourmentes de la Révolution.

Du reste, le souvenir des Croisades, de cet immense exode de l'Europe, n'était-il pas là pour lui rappeler la puissance du sentiment religieux chez les mahométans? Cette lutte avait été celle du fanatisme contre le fanatisme, de la croix contre le croissant. Elle avait été le heurt de deux idées violentes et irréconciliables.

Bonaparte, au contraire, allait faire de son action une mise en acccord des intérêts de la France et de ceux des musulmans et il dira plus tard, assez brutalement, dans ses dictées de Sainte-Hélène : « En 1250

Ordre du jour du 18 juin 1799 (*Archives de la Guerre*).

l'Égypte était moins en état de se défendre et plus dépourvue de défenseurs qu'en 1798; mais saint Louis ne sut pas en profiter; il passa huit mois à prier, lorsqu'il eût fallu les passer à marcher, à combattre et à s'établir dans le pays. »

L'armée devait faciliter la tâche que s'était donnée son chef. « Elle n'avait pas fréquenté les églises en Italie, elle ne les fréquentait pas davantage en Égypte; cette observation fit sur les ulémas le plus heureux effet. Si les Français n'étaient pas musulmans, du moins il devenait prouvé qu'ils n'étaient pas non plus idolâtres; le sultan Kébir était évidemment le protégé du Prophète. »

Il ne suffira pas à Bonaparte de se dire et de se montrer plein de respect pour le culte de Mahomet. Il remuera tout le monde musulman du Maroc à la Syrie; il poursuivra ce double but de le détacher de Constantinople et de lui faire connaître et aimer la France.

Pour y atteindre, il jouera avec la plus extrême habileté de la rivalité latente qui existait alors entre le sultan Sélim et les Chérifs de la Mecque. Il n'épargnera rien pour flatter ces hommes vénérés de tout l'Islam, pour se les attacher, pour opposer leur influence à celle de la Turquie. Il évitera, aussi longtemps que possible, que la guerre soit officiellement déclarée au Commandeur des Croyants. Jusque-là, il désignera les ennemis sous les noms de Mamelouks ou d'Arabes; les dénominations de Turcs, d'Égyptiens, de musulmans seront celles qu'il réservera aux amis. Et, lorsqu'enfin, malgré tous les efforts de conciliation, la rupture éclatera avec la Porte, il se présentera comme défenseur de l'Égypte et de l'Islam ; c'est à ce titre qu'il conduira son armée à la bataille du Mont-Thabor; c'est au nom de la Mecque, de Médine et du Caire, *seules villes saintes,* qu'il parlera aux musulmans.

Une œuvre aussi considérable, menée au milieu de difficultés qui décourageaient les plus forts, exigeait une habileté consommée, une clairvoyance aiguë, une souplesse avisée, une énergie sans violence, toutes qualités que Bonaparte employa de la façon la plus heureuse et qui lui permirent d'asseoir pour longtemps l'influence française dans le nord de l'Afrique.

Les premières mesures prises par le général en chef dès son entrée à Alexandrie (2 juillet) sont significatives.

Lisez les ordres à l'armée : « L'exercice du culte sera protégé. Il est interdit d'entrer dans les mosquées ou de se rassembler à leurs portes. Il est extrêmement important de se concilier les habitants... Tout ce dont on aura besoin sera payé comptant... Les contrevenants à ces ordres seront fusillés... [1] »

[1] Ordre du jour du 3 juillet 1798 (*Arch. de la Guerre*).

Lisez la proclamation que Bonaparte adresse aux musulmans. Rédigée le 27 juin, en mer, à bord du vaisseau l'*Orient*, elle va être tirée à l'aide du matériel d'imprimerie arabe que l'on a apporté de France, et sera répandue à profusion. Le général en chef ne se borne pas à annoncer que la religion du Prophète sera respectée, qu'il aime Mahomet et le Coran, qu'il fait la guerre seulement aux beys et aux Mamelouks qui oppriment l'Égypte, et non au grand Sultan dont il a toujours été l'ami ; il ajoute encore, à l'appui de ses promesses, qu'il « a détruit le pape et les chevaliers de Malte, ennemis du Grand Seigneur et des musulmans. »

Cette déclaration, qui fait de lui un *protecteur actif* du culte mahométan, il la répétera en maintes occasions, et elle lui vaudra des remerciements chaleureux de différents pachas qui se « réjouissent de la prise de Malte comme d'un événement qui assure au général Bonaparte la reconnaissance de tous les croyants[1] ». Il la fera connaître dans tout l'Orient par des émissaires qu'il s'est fort ingénieusement attachés. Ce sont sept cents esclaves turcs qu'il a délivrés à Malte et qu'il renvoie par terre dans leurs pays, à Tripoli, Alger, Tunis, au Maroc, à Damas, en Syrie, à Smyrne, à Constantinople même. On a eu soin de les bien nourrir, de les bien habiller, de les « traiter avec dis-

[1] Lettres de : Ibrahim Benghelli, pacha et vizir d'Albanie, etc., (15 juillet 1798) (*Arch. de la Guerre*).

tinction ». Chacun d'eux, porteur d'exemplaires en arabe de la proclamation d'Alexandrie, s'en va, pourvu d'argent pour la route, répandre dans tout l'Islam la nouvelle de la victoire des Français, clamer en un enthousiasme tel « que leur langue suffisait à peine à l'expression de leurs sentiments » la générosité de Bonaparte, ses bonnes intentions pour les musulmans, dont il est vraiment l'ami puisqu'il détruit leurs plus exécrés ennemis, leurs ennemis religieux.

Le 21 juillet, les Mamelouks sont dispersés aux Pyramides ; le général en chef entre au Caire, où l'avait précédé une nouvelle proclamation : « Ne craignez rien pour vos familles, vos maisons, vos propriétés et surtout pour la religion du Prophète que j'aime. » Dès lors, installé dans la capitale des beys, il va multiplier, avec une activité « qui plonge les Turcs dans l'étonnement », les mesures qui peuvent lui concilier les musulmans ; qu'elles visent l'administration du pays, les besoins du peuple, les fêtes privées ou publiques, les mouvements des caravanes, elles concourent toutes à ce même et unique but.

Des ordres sont donnés, dès le 25 juillet, pour établir au Caire et dans chaque province de l'Égypte un Divan de sept personnes, « chargé de veiller aux intérêts de la province », et une compagnie de soixante janissaires, affectée au maintien du bon ordre. Les ulémas qui formaient le Divan étaient traités avec les plus grands honneurs; au Caire, lorsqu'ils se rendaient au palais du commandant en chef, sur la place Ezbékieh, les corps de garde français prenaient les armes et, lorsqu'ils avaient été introduits auprès de Bonaparte, celui-ci s'asseyait au milieu d'eux, témoignait une grande admiration pour le Prophète, discutait sur le Coran « dont il se faisait expliquer les principaux passages ». Il semble cependant qu'il éprouvât quelquefois du plaisir à embarrasser « ces vieillards respectables ». Comme l'un d'eux lui affirmait au cours de l'une de ces causeries que, « si les Arabes avaient perdu leur antique civilisation, il leur restait le Coran », Bonaparte demanda « si le Coran leur enseignait à fondre des canons » ; tous les chefs présents « répondirent, du reste, hardiment que oui ».

Ces membres du Divan, flattés, honorés, complètement charmés par le général en chef, devinrent ses plus précieux intermédiaires. Il ne leur laissa pas le pouvoir, mais il leur en prodigua toutes les apparences et tous les honneurs. S'il leur fait prêter serment, c'est sous forme d'un contrat réciproque, où eux jurent, devant Dieu et Mahomet, obéissance à la République française, tandis que lui s'engage « à respecter les lois, les usages, la religion, le culte établi par le prophète Mahomet ». S'il est seul en réalité à décider et à gouverner, ce sont eux qui font connaître ses désirs aux musulmans, au milieu desquels ils vont répétant leurs conversations avec *le sultan Kébir*.

Poursuivant avec soin son plan d'assimilation de l'Islam, il se porte en personne dans la direction de Suez pour aller au-devant de la caravane de la Mecque et la « mettre à l'abri des pillages des Mamelouks et des Arabes[1] ». Il n'omet pas de charger le Divan de recevoir cette caravane « avec les honneurs et la pompe accoutumés » ; le commandant du Caire, qui accompagnera le Divan en cette occasion, reçoit même l'ordre « de soumettre d'avance au général en chef le programme du cérémonial de cette réception[2] ».

Dans ces entrevues familières et fréquentes avec les ulémas du Caire, Bonaparte leur insinue peu à peu — tout en disant son amitié pour le Sultan — que *les villes les plus saintes du mahométisme sont les antiques cités du Caire, de Médine et de la Mecque.* Il cherche à éveiller en eux les sentiments d'un *patriotisme indépendant de l'influence de Constantinople.* Il s'efforce de les convaincre par des paroles répétées — justifiées du reste par ses victoires et sa renommée — qu' « aucun pouvoir humain ne peut rien contre lui » ; « que son arrivée d'Occident sur les bords du Nil a été prédite dans plus d'un passage du Coran ; qu'il est *prédestiné* ». Et les ulémas qui considéraient l'armée des Mamelouks comme

[1] Lettre de l'administrateur Poussielgue au général Menou (13 août 1798) (*Arch. de la guerre*).

[2] Ordre de Bonaparte au commandant de la place du Caire (2 août 1798) (*Arch. de la guerre*).

invincible, conviennent que « jamais les Français n'eussent vaincu les fidèles, si leur chef n'avait été spécialement protégé par le Prophète ». Alors, dans un mouvement d'enthousiasme religieux, ils lui demandent de se faire musulman; « cent mille Égyptiens et cent mille Arabes viendront se ranger autour de lui et il pourra rétablir dans toute sa gloire la patrie de Mahomet ».

La proposition était embarrassante pour Bonaparte. Il objecta que deux raisons s'opposaient à sa conversion : « la première était la circoncision, la seconde le vin ; ses soldats en avaient l'habitude dès l'enfance et il ne pourrait jamais leur persuader d'y renoncer ».

On soumit le cas à quatre muphtis, puis on écrivit à la Mecque et il fut décidé par les plus autorisés représentants de Mahomet que « la circoncision n'était pas obligatoire, mais seulement recommandée, et, qu'en ce qui concernait le vin, les nouveaux convertis pourraient en boire à condition de racheter ce péché par des bonnes œuvres et des actions charitables ». Mis ainsi dans l'impossibilité de se dérober, Bonaparte put faire admettre que « Mahomet lui avait accordé un an pour préparer son armée », que, de son côté, il avait promis au Prophète de faire construire une immense mosquée capable de la contenir tout entière le jour où elle se ferait musulmane.

Peu de temps après, le général Menou, en embrassant publiquement l'islamisme, semblait donner un commencement d'exécution aux vagues promesses du général en chef. Les musulmans furent tout à la joie; leurs cheiks allèrent prêchant que les Français n'étaient pas des infidèles, et bientôt Bonaparte reçut des habitants les mêmes marques de respect que s'il eût été le Sultan lui-même.

On pourrait, si l'on oubliait la grandeur du but poursuivi, être tenté de reprocher au général en chef son manque de sincérité, lorsque fut traitée cette question de conversion. Henri IV pensait que « Paris valait bien une messe » ; Bonaparte estima que l'établissement de l'influence française dans la vallée du Nil et en Orient valait bien un semblant d'acquiescement — et à longue échéance — à des espérances, qu'il importait au plus haut point d'entretenir.

La situation était en effet des plus graves. La flotte venait d'être détruite à Aboukir; l'armée se trouvait sans communication avec la mère patrie. Les cheiks prêchaient partout contre les Français; le sultan Sélim manifestait son profond mécontentement; le soulèvement des musulmans, sous l'étendard de la guerre sainte, était imminent. Il fallait à tout prix — et cependant sans violence — faire taire les appels à l'insurrection.

Du reste, Bonaparte ne se contente pas de parler; il agit, décharge d'impôts tous les établissements, tous les villages dont les revenus sont consacrés au culte de Mahomet, punit sévèrement les officiers, administrateurs ou soldats qui se montrent injustes envers les musulmans, félicite le général Menou d'être allé à la mosquée de Rosette, se montre lui-même au peuple, au milieu des cadis, des cheiks, des muphtis et des ulémas, les jours de grandes fêtes.

C'est ainsi que le 18 août 1798 il se rend à cheval, suivi de tous les généraux, des membres du Divan, des principaux fonctionnaires du Caire, à la cérémonie de l'ouverture du canal du Nil : cérémonie de caractère sacré ; car si, les digues du canal une fois rompues, l'inondation « du fleuve béni, qui allait fertiliser les terres, était parfaite », les musulmans voyaient là une marque de la bienfaisance divine. Le cortège se porte au *Nilomètre* « monument octogonal en marbre blanc, où se trouve la colonne mystérieuse, graduée des coudées qui servent à déterminer les accroissements annuels du Nil[1] ». Les troupes sont sous les armes, en tenue de parade ; une foule considérable couvre les bords du fleuve. La digue est rompue au bruit des décharges d'artillerie et aux sons des musiques de l'armée ; le Nil se précipite dans la brèche en un impétueux torrent. Des pièces d'argent sont distribuées au peuple, des pelisses et des cafetans au cadilaskar et aux chérifs. Le soir, la

[1] Rapport sur le Nilomètre par le capitaine du génie Michaux (4 août 1798) (*Arch. de la Guerre*).

ville est illuminée et les musulmans la parcourent en chantant les louanges des Français : « Vous avez remporté la victoire et depuis cent ans le Nil n'a pas inondé l'Égypte d'une manière aussi satisfaisante ; la victoire et le débordement du Nil sont deux bienfaits que n'accorde que le ciel[1]. »

Quelques jours plus tard, en fin du même mois d'août, l'armée et ses chefs prennent part aux fêtes de la naissance du Prophète. Bonaparte, suivi de son état-major, rendit visite au cheik el-Bakri, y accepta à dîner et fit saluer par cent coups de canon tirés de la citadelle le verset des prières publiques qui annonçait l'entrée de Mahomet à Médine, c'est-à-dire le commencement de l'hégire. Le soir, pendant que le quartier général et les principaux édifices étaient illuminés, « les musulmans joyeux se promenaient dans la ville jusqu'à minuit, en chantant des poèmes en l'honneur du Prophète et priaient Dieu, des cierges à la main et en se balançant [2]».

Le 1er vendémiaire suivant, la célébration de l'anniversaire de la fondation de la République offrait une nouvelle occasion de rapprocher et de réunir les Français et les musulmans. Bonaparte n'y manque pas. Il frappe l'esprit des musulmans en disant que cette fête est celle de « la naissance du peuple fran-

[1] Rapport arabe (8e jour du mois de Rabi el-Aouel, de l'an 1213 de l'hégire) (*Arch. de la Guerre*).

[2] Rapport arabe, *loc. cit.*

çais », qu'elle est l'anniversaire du jour « où ce peuple a chassé ses Mamelouks ». Il reçoit les chérifs, ulémas et cheiks à sa table somptueusement servie. « Les couleurs françaises étaient unies aux couleurs turques ; le bonnet de la liberté et le croissant, la table des Droits de l'homme et l'Alcoran se trouvaient sur la même ligne; la gaîté française était modérée par la gravité turque[1]. » Sur la place Ezbékieh, c'étaient, comme précédemment, des fêtes populaires, que rehaussait cette fois le lancement d'une montgolfière, « moyen de correspondance du sultan Kébir avec Mahomet[1] ». Les « dames turques », réunies dans les maisons du pourtour de la place, assistaient à ces réjouissances ; « les Français avaient pour elles les attentions, les prévenances qui caractérisent notre nation ; elles parurent ne pas répugner à connaître la différence qui existe entre nos habitudes sociales et les leurs[1] ».

Toutes ces fêtes du Caire étaient — par ordre du général en chef — célébrées aux mêmes jours, avec la même pompe, sur tous les points de l'Égypte où stationnaient des troupes françaises. C'était donc de la Méditerranée au désert de Nubie la fusion des deux peuples en des cérémonies, qui leur rendaient communs les plus populaires de leurs anniversaires.

[1] *Courrier de l'Égypte* (numéro 8, du 27 septembre 1798).

Le *Courrier de l'Égypte*, sorte de journal officiel, « rédigé par l'imprimerie de l'armée, au quartier général du Caire » et dont le premier numéro avait paru le 29 août 1798, relatait, avec les plus grands détails, tous ces événements. Traduit en arabe, distribué parmi la population de l'Égypte et dans tout le Levant, il allait montrer aux fidèles combien les Français honoraient le Prophète. Il les tenait au courant des actes et des projets du général en chef. Aujourd'hui, il s'agissait de la création d'une « maison de réunion » au Caire, « avec tout ce qui peut contribuer aux plaisirs de la société et tout ce qui peut attirer parmi nous les habitants et leurs femmes et leur faire insensiblement prendre les habitudes, les goûts et les modes françaises. » Une autre fois, le *Courrier* publiait des proclamations du général en chef ou des ulémas, des descriptions de mosquées, des correspondances avec la France ou avec les villes saintes du mahométisme, des instructions de Bonaparte, qui montraient combien il était soucieux des intérêts et des besoins des plus humbles parmi le peuple : ordres pour répartir plus équitablement entre les villages les impôts ou l'eau fertilisante du Nil, pour faire vérifier l'emploi des sommes destinées à l'entretien des mosquées; récits des visites du général ou des administrateurs aux hôpitaux français ou musulmans que l'on fait améliorer ou agrandir; envoi dans ces hôpitaux plusieurs fois par semaine des musiques de l'armée « afin d'égayer les malades »; abolition, « comme contraire à la raison et à l'humanité, de l'usage de la bastonnade, pour obtenir des révélations ».

On peut dire que la prodigieuse activité de Bonaparte s'applique à tout avec une profonde connaissance des hommes et des choses. « Il ne s'endort point, écrit en rentrant d'Orient à Paris, le même Volney qui considérait, en 1788, la conquête de l'Égypte comme presque irréalisable; il profite des divisions civiles et religieuses pour s'attacher les grands et les petits; il flatte leur amour-propre en adoptant plusieurs de leurs usages, afin qu'ils adoptent les nôtres; il les a trouvés sombres, atrabilaires, querelleurs par l'effet de la tyrannie; il les rend gais, aimables, bons, par des jeux, des fêtes, de la musique; il tourne en amusements des travaux utiles; il emploie plus l'art que la force pour se faire un parti chez les naturels. »

Mais s'il est sans violences inutiles, il est aussi sans faiblesse, quand il est nécessaire de faire sentir au musulman que le Français est fort, que « personne ne peut arrêter sa marche; car ce serait vouloir arrêter *le destin.* »

En octobre 1798, une révolte a éclaté au Caire, les insurgés ont nommé un Divan sous la présidence du cheik Sadah; le général Dupuy qui commandait la ville, et une cinquantaine d'officiers et soldats sont massacrés.

Bonaparte réprime vivement l'insurrection avec son habituelle énergie. On retrouve son désir de frapper les imaginations dans l'ordre qu'il donne d'essayer « de jeter à terre la grande mosquée, en brisant quelques colonnes, sans éveiller l'attention par des coups de fusil ou de canon[1] » ; il y a là comme un appel au surnaturel dont il veut peut-être étonner les musulmans. En tout cas, une fois le calme rétabli, il revient à sa politique de modération ; il fait enterrer aussitôt que possible les victimes de l'insurrection, afin « qu'il ne reste aucune trace de ce qui s'est passé » ; il pardonne au cheik Sadah. « Eh quoi ! vous ne le faites pas fusiller ? » s'écrie Kléber, qui devait plus tard faire bâtonner ce même cheik et armer peut-être ainsi le fanatique qui le frappa à mort. « L'armée ne se soumet qu'en frémissant à la modération du général en chef, écrit au général Menou l'ingénieur des ponts et chaussées Lepère. » Bonaparte reste inébranlablement fidèle à son attitude. La grande mosquée d'el-Azhar avait eu à souffrir de nos projectiles, il la fait purifier et réparer ; il rend aux prêtres les livres saints enlevés par les soldats ; il se contente de congédier dans les provinces les membres du Divan, qu'il rappellera en décembre suivant.

[1] Ordre de Berthier, par ordre du général en chef, au général Bon (23 octobre 1798) (*Arch. de la Guerre*).

Des proclamations des ulémas, lancées dans toute l'Égypte, vantent la miséricorde de Bonaparte : « Le peuple du Caire est criminel, car le sultan Kébir a été bon pour lui ». Une légende se crée qui montre Mahomet apparaissant pendant la révolte au général français, dont l'habile et ferme politique réussit ainsi à transformer, en un élément de force pour la puissance française, un événement qui eût pu marquer sa destruction si des cheiks coupables l'on avait imprudemment fait des martyrs musulmans.

*
* *

Les actes de Bonaparte, les idées dont il poursuivait l'application, la mise en scène dont il avait soin de frapper les esprits avaient, par eux-mêmes, trop de rayonnement pour qu'ils ne se répandissent pas hors de l'Égypte et ne pénétrassent pas le monde musulman tout entier.

L'Égypte était un lieu obligé de passage, où se croisaient naturellement les caravanes des pays barbaresques, de la Nubie, de la Syrie et de l'Arabie, caravanes de commerçants venant échanger leurs produits contre les céréales de la vallée du Nil, caravanes de pèlerins en perpétuel mouvement entre leurs pays d'origine et les villes saintes de Médine et de la Mecque. Bonaparte utilise avec soin les unes et les autres. Il veille à ce que leur sécurité soit assurée ;

il les fait escorter au besoin pour les mettre à l'abri des pillages des « Arabes ou des Mamelouks » ; il leur fait distribuer des exemplaires en arabe de ses proclamations ou des numéros du *Courrier de l'Égypte.*

Les caravanes de trafiquants hésitent souvent à entrer au Caire ; elles se défient « parce que les beys violaient souvent leur parole ». Bientôt la confiance revient. Les Arabes qui arrivent du mont Sinaï et de el Tor disent de Bonaparte que « son bras est fort et sa parole de sucre » ; les Nubiens fréquentent régulièrement le Caire, malgré l'incident assez comique arrivé en septembre 1798 à Abd el-Kérim, chef d'une de leurs caravanes. « Venu chez le citoyen Rigo, de l'Institut d'Égypte, qui désirait le peindre, il se rejeta vivement en arrièrre en poussant des hurlements d'effroi lorsqu'il vit le tableau qui avait été fait ; il s'enfuit à toutes jambes et dit dans le quartier qu'il venait d'une maison où on lui avait pris sa tête et la moitié de son corps[1]. »

Quant aux pèlerins qui vont à la Mecque ou en reviennent, ils sont tout particulièrement bien traités. Reçus avec honneur, pourvus d'escortes et de cadeaux, ils servent souvent à Bonaparte de courriers entre l'Égypte, l'Arabie et les États barbaresques. Comme les croisières anglaises rendent très aléatoires ses communications par mer avec le Directoire, il leur

[1] *Courrier de l'Égypte* (n° 25, du 22 janvier 1799).

confie ses dépêches qu'ils remettent aux consuls de France à Derna, Tripoli, Tunis, Alger, au Maroc même, d'où elles gagnent la France, soit directement, soit par Cadix et l'Espagne; d'autres pèlerins lui apportent les sacs dont les chargent les mêmes consuls. Parfois, ce sont des courriers spéciaux qui sont envoyés par le « roi de Maroc, sultan Soliman, » et mettent trente jours par terre jusqu'à Tripoli, cinq jours par mer de Tripoli à Benghasi, puis quarante jours par terre jusqu'à Alexandrie.

C'est donc le long des côtes de la Méditerranée, de l'océan Atlantique à la vallée du Nil, un courant continu de relations commerciales et politiques que Bonaparte s'efforce de développer.

Il double l'action naturelle des caravanes par l'envoi de missions. Le capitaine Siverik se rend à Tripoli fin octobre 1798; il fait remettre au bey par un chérif une lettre de Bonaparte où le général annonce « qu'il est venu en Égypte pour mettre en liberté le peuple opprimé par les Mamelouks et faire observer exactement *la vraie religion*, telle que Mahomet l'a établie et qui a été corrompue par la Porte ottomane »; le chérif ajoutait verbalement que 70.000 Arabes de la Mecque suivaient Bonaparte et que son parti augmentait tous les jours[1]. Le citoyen Arnaud va porter

[1] Rapport du capitaine Siverik. Arrivé à Cattaro le 28 dé-

en décembre une lettre semblable au bey de Derna. Sur les instances de Bonaparte, le Directoire fait parvenir les mêmes assurances à Alger, à Tunis, au Maroc et, dans toutes ces communications, on retrouve toujours la même tendance à essayer de détacher de Constantinople le monde musulman.

Les États barbaresques étaient alors fort hésitants. Une lettre, écrite en fin octobre 1798 par deux cheiks de Derna, et que Bonaparte put intercepter, disait qu'à l'annonce de la présence des Français en Égypte, le bey de Tripoli avait fait rassembler des troupes et envoyer des ordres pour mettre cette ville en état de défense, ainsi que Derna et Benghasi, puis, qu'il avait renoncé à ces projets sur l'assurance, donnée par les émissaires de Bonaparte, que les Français n'étaient pas en guerre avec le Grand Seigneur de Constantinople.

En fin décembre de la même année, nouveaux armements à Alger, Tunis et Tripoli, qui cherchent à entraîner le Maroc contre la France. Mais, « le roi de Maroc », très satisfait de l'accueil que les pèlerins

cembre 1798, parti de Tripoli le 3 novembre et de Corfou le 23 décembre (*Arch. de la Guerre*).

Une fois rentré en France et devenu premier consul, Bonaparte ne négligea rien pour s'attacher le bey de Tripoli. Il lui envoya un émissaire, le Maltais Xavier Naudi, qui « signa à Tripoli le 18 juin 1801 un traité secret, grâce auquel tous les Français devaient jouir de la plus entière liberté entre la Régence et le Caire. L'évacuation de l'Égypte rendit inutiles ces immenses avantages » (*A travers la Tripolitaine*, H. de Mathuisieulx. 1 vol. Hachette, 1903).

recevaient au Caire, rejetait ces propositions et faisait partir la caravane habituelle pour la Mecque, « en disant au chef qu'il n'avait rien à craindre de Bonaparte, qui était son ami » ; il offrait même des courriers pour la transmission des dépêches de l'armée ou du Directoire ; heureuse conséquence de l'attitude du général en chef, dont la politique avait su s'appuyer sur les sentiments qui servent de lien commun entre les différentes fractions du monde musulman.

Bonaparte agit avec plus d'activité encore à l'est de la mer Rouge. Là, en effet, se trouvent les centres les plus vénérés de tout l'Islam, ceux sur lesquels il a intérêt à prendre appui et qui lui seront de la plus grande aide, s'il a à combattre la Turquie. Il envoie des émissaires à Jaffa, Gaza, Jérusalem ; en septembre 1798, le chef de bataillon Beauvoisin part en mission auprès de Djezzar pacha, gouverneur de la Syrie.

En fin août, les cheiks et ulémas du Caire avaient écrit au chérif de la Mecque pour lui annoncer l'arrivée en Égypte des Français, « amis du sultan Sélim et protecteurs de la religion mahométane, » et pour lui dire l'appui prêté à la caravane de la Mecque, les fêtes de l'ouverture du canal du Nil et de la naissance du Prophète. Le 1er septembre, ils lui adressent une nouvelle lettre : « Les Français regardent la religion musulmane comme la meilleure religion ; ils ont prouvé leur amour pour l'islamisme en délivrant les prisonniers retenus à Malte, en détruisant les églises et brisant les croix dans la ville de Venise, en chassant le pape qui commandait aux chrétiens de tuer les mahométans, et qui leur présentait cet acte comme un devoir de religion. »

Le chérif de la Mecque, qui souffrait beaucoup des vexations que lui imposait parfois le commandant de la garnison turque du port de Djedda et qui, d'autre part, sentait les efforts faits par le Sultan pour diminuer son influence religieuse, parut accueillir ces communications avec satisfaction. Il avait du reste besoin de l'Égypte pour approvisionner ses caravanes et lui fournir ses habituels subsides ; il constata que, de ce côté, tout se passait fort bien depuis l'arrivée des Français; il écrivit donc au « sultan Kébir » et lui donna le titre de « serviteur de la sainte Kaaba ».

*
* *

On peut conclure de l'ensemble de ce qui précède ce qu'était la situation morale de Bonaparte et de son armée lorsque s'ouvrit l'année 1799.

En Égypte, aussi bien que dans les États barbaresques et dans tout le Levant, les Français semblaient considérés, sinon comme des fidèles, du moins comme de fervents admirateurs du Prophète et des protecteurs de son culte. Leur affection pour le sultan Sélim ne s'affirmait pas avec autant d'éclat, mais rien ne faisait penser qu'ils en fussent les ennemis et, du reste, certains groupes musulmans ne pouvaient-ils trouver une satisfaction à leur rigorisme dans la supériorité que Bonaparte donnait à la Mecque sur Constantinople ?

Le général en chef, qui se rendait parfaitement compte que, tôt ou tard, la guerre avec la Turquie serait inévitable, l'avait fort habilement commencée sur le terrain religieux. Il avait demandé au fanatisme musulman lui-même des armes contre le Commandeur des Croyants, et cette idée d'indépendance vis-à-vis de Constantinople, qu'il n'avait fait jusqu'alors qu'insinuer sous une forme adoucie, semant le grain avec prudence et attendant qu'il germât, il allait, maintenant qu'il fallait combattre les armées turques, la développer et la prendre pour base de sa politique.

Nous l'avons vu éviter, aussi longtemps qu'il l'a pu, d'être considéré comme un ennemi du grand seigneur. Mais puisque la Porte s'est alliée à l'Angleterre et à la Russie et qu'il est menacé d'être attaqué par les Turcs en Égypte même, il décide de prendre l'offensive et de passer en Syrie. Il s'abstient encore de parler en quoi que ce soit des Turcs ; le Divan du Caire annonce simplement dans sa proclamation aux habitants que le « sultan Kébir va détruire le reste des Mamelouks ». Il accentue ses égards envers le chérif de la Mecque; il lui écrit personnellement au commencement de janvier[1] pour l'assurer que « les fidèles n'ont pas de meilleur ami que lui, que tous les chérifs et propagateurs des maximes des saints livres n'ont pas de plus zélé protecteur » ; il lui annonce qu'il a nommé « Émir Hadji Mustapha bey Kiaya de Sey Aboukeyre, pacha gouverneur de l'Égypte », comme s'il voulait, par cette annonce, mettre ce gouverneur sous la dépendance religieuse directe du chérif; celui-ci s'empresse de remercier « l'émir Bonaparte, le protecteur des ulémas et l'ami de la sacrée Kaaba ».

L'émir Hadji devait suivre l'armée en Syrie avec plusieurs membres du Divan et une nombreuse suite. « Le départ de cette députation des grands cheiks fit la plus vive impression sur toute la population. » Les musulmans de l'Égypte pouvaient ainsi croire, avec leur orgueil naturel, que c'était effectivement pour eux, contre leurs anciens oppresseurs, qu'allaient combattre les Français, et au cours de l'expédition, de février en mai, Bonaparte ne néglige rien pour les entretenir dans cette illusion. A el-Arich, à Gaza, à Jaffa, tout ce qui se réclame de l'Égypte est épargné. « Les mots : « Mesri ! Mesri ! — c'est-à-dire Égypte ! Égypte ! — valent ceux de France ! France ! et sont une sûre sauvegarde ; ceux qui les prononcent sont renvoyés dans la vallée du

[1] *Courrier de l'Égypte* (n° 24, du 16 janvier 1799).

Nil, où ils se louent du respect dont ils ont été l'objet. » Les drapeaux pris sur l'ennemi sont placés avec solennité dans la grande mosquée du Caire, « comme un trophée des victoires remportées sur les ennemis des Égyptiens[1] ». Ce sont les ulémas et les muphtis d'Égypte qui purifient les mosquées des villes prises et y disent des prières publiques; ce sont eux qui lancent des proclamations dans toute la Syrie et l'Arabie. Aussi les Égyptiens sont-ils en droit de se considérer comme les plus purs et les plus zélés parmi les fidèles, et, lorsque Bonaparte rentre au Caire par la porte de la Victoire, il y trouve la réception enthousiaste qu'il désirait et dont il avait du reste eu soin de faire régler la mise en scène.

Maintenant, le voile est déchiré ; nul ne peut ignorer que l'on a combattu les Turcs sur les champs de bataille et devant les places fortes de Syrie.

Bonaparte fait alors lancer par Berthier la proclamation suivante, qui donne à sa pensée tout son développement : « Il est temps que le gouvernement des Osmanlis finisse, gouvernement plus tyrannique pour les Égyptiens que ceux des Mamelouks mêmes !... Ce n'est que trois ou quatre siècles après la mort du Prophète que Constantinople a été musulman. *Si Mahomet revenait sur la terre, ce*

[1] Lettre du général Dugua, par ordre de Bonaparte, au Divan du Caire (3 mars 1799) (*Arch. de la Guerre*).

n'est pas à Constantinople qu'il établirait sa demeure, mais sur les bords du Nil dans la ville sainte du Caire; le chef de la religion musulmane est notre ami le chérif de la Mecque, tout comme la véritable science existe dans l'assemblée des ulémas du Caire, sans contredit les plus savants de tout l'empire; l'intention du général en chef est que *tous les cadis soient natifs d'Égypte, à moins qu'ils ne le soient des saintes villes de Médine et de la Mecque*; ils recevront tous l'investiture du premier cadi, nommé au Caire par l'assemblée des ulémas[1]. » Cette proclamation enlevait à Constantinople sa suprématie religieuse; en outre, elle détachait administrativement l'Égypte de la Porte, puisque, de tout temps, celle-ci avait nommé aux emplois de cadi; elle marquait ainsi le point le plus important de la révolution que Bonaparte entreprenait dans le monde musulman.

Pour faire accepter et rendre populaires ses idées, Bonaparte, tout en maintenant énergiquement l'ordre en Égypte, redouble de prévenances au point de vue religieux.

Le Divan rappelle à la population l'amour de Bonaparte pour le Prophète et « ses deux grandes promesses de se faire musulman et de construire une mosquée qui n'aura pas d'égale au monde ». Le citoyen Poussielgue, administrateur général des

[1] Ordre du jour du 30 juin 1799 (*Arch. de la Guerre*).

finances de l'armée, reçoit ordre d'offrir au chérif de la Mecque de « superbes tapis », destinés à la maison de Dieu; le chérif répond par l'envoi à Suez de bâtiments chargés de transporter ces cadeaux; il assure « le sultan Kébir » que jamais « ses sujets ne se sont mêlés et ne se mêleront avec ses ennemis ». La caravane du Maroc, qui, à son retour de la ville sainte, avait refusé de servir en Syrie les projets de Djezzar pacha contre l'armée française, est fêtée à son arrivée au Caire; son chef demande et obtient une lettre autographe de Bonaparte pour « le roi de Maroc ». Les fêtes du Ramadan ont été célébrées avec pompe dans toute l'Égypte; l'éclat, dont on entoure celles du Nil et de la naissance du Prophète, témoigne, encore plus qu'en 1798, des sentiments des Français pour les musulmans.

Lorsque débarque à Aboukir l'armée turque qu'il devait jeter à la mer le 25 juillet, le général en chef demande « s'il y a des Russes avec cette armée; il faudrait faire des prisonniers russes et les montrer au Caire; car ils sont *les plus grands ennemis de l'islamisme* ». Il écrit au Divan pour lui annoncer que « les Turcs se sont associés aux Russes; il est nécessaire de donner à cette nouvelle la plus grande publicité pour éclairer le peuple sur *ces prétendus défenseurs de la religion musulmane*[1] ».

[1] Lettre du général Dugua, par ordre de Bonaparte, au Divan du Caire (23 juillet 1799) (*Arch. de la Guerre*).

Ainsi donc, quand les dangers les plus graves le menacent, quand il ne dispose plus que d'une armée décimée pour réprimer des insurrections toujours possibles et repousser une invasion, il ne perd pas de vue l'idée directrice de sa politique en Orient : débarrasser le monde musulman de la tutelle religieuse et administrative de Constantinople ; le grouper sous la direction spirituelle du chérif de la Mecque, qui serait un instrument à la disposition de l'influence française ; idée féconde, qui prévoyait l'avenir et faisait de la France, par l'étendue qu'il sût donner à son action, la protectrice désignée de la vallée du Nil, de l'Orient et des pays mahométans de l'Afrique du Nord.

Car n'est vraiment maître en ces régions que celui qui en tient moralement et religieusement les populations. Le musulman cède à la force, il a même besoin d'en sentir les effets ; mais, la force seule ne l'amène qu'à une soumission passagère; la guerre avec lui est avant tout une guerre contre sa race et contre son Dieu. Bonaparte a fait plus que vaincre aux Pyramides, au Mont-Thabor et à Aboukir; il a su utiliser ces victoires pour se faire reconnaître comme *un protecteur actif* de l'islamisme.

Quand, le 24 août 1799, Bonaparte, suivant sa destinée, s'embarque sur *la Muiron* pour regagner la France à travers les croisières anglaises, c'est toujours à la même pensée directrice qu'il reste attaché; c'est elle qu'il développe dans « les mémoires » qu'il laisse comme guides à ses lieutenants : « Les Arabes sont les ennemis des Turcs et des Mamelouks...; ils se croient d'une nature supérieure aux Osmanlis... Nous avons besoin d'avoir *des intermédiaires*, pour diriger ces peuples pour qui nous sommes si étrangers..... Le Caire est la seconde clef de la sainte Kaaba; *la Mecque est le centre de la religion mahométane*. La politique des sultans de Constantinople a été de discréditer le chérif de la Mecque, de restreindre et d'annuler les relations des ulémas avec la Mecque; nos intérêts doivent naturellement nous porter à suivre une marche inverse... Il faut se donner les plus grands soins pour persuader aux musulmans qu'on aime le Coran et qu'on vénère le Prophète... Dans toute discussion contentieuse, l'autorité française doit être favorable aux mosquées et aux fondations pieuses; il vaut mieux perdre quelques droits et ne pas donner lieu à calomnier les dispositions secrètes de l'administration sur ces matières si délicates..... »

Et ces directives générales se complètent par des recommandations de détail, que justifie et résume cette pensée si profondément vraie en pays mahométan : *Un seul mot, une seule démarche mal calculée peut détruire le travail de plusieurs années.*

II

LES LIEUTENANTS DE BONAPARTE

Une œuvre — surtout une œuvre politique — n'atteint son complet épanouissement que par l'accord de celui qui l'a conçue et en dirige l'exécution avec ceux qui ont la tâche d'assurer l'application des ordres, des instructions, des pensées, des intentions du maître.

Quelquefois même le rôle des collaborateurs devient le rôle principal et il suffit, pour permettre à l'œuvre de se développer dans toute son harmonie, que le hasard de la naissance ou des circonstances place à leur tête quelque esprit généralisateur, qui sache grouper et coordonner leurs efforts dans un but commun. Louis XIV doit la gloire de son siècle aux hommes éminents dont il sut s'entourer et que son prestige lui permit de faire travailler à la grandeur française.

Le génie véritable — celui qui crée et saisit, d'un coup d'œil, dans une sorte de prescience, ce que seront ses créations, — est trop exclusif, trop autoritaire, trop plein d'absorbante activité, pour qu'à côté de lui se développent, dans la liberté des initiatives fécondes, des hommes qui soient à leur tour des créateurs, des inventeurs d'idées ou qui, une fois débarrassés de son étroite tutelle, puissent passer au premier rang et en tenir le rôle avec honneur. Les collaborateurs de l'homme de génie restent toujours des exécutants — grandioses, puisque celui-ci a conçu et leur donne à faire de grandes choses — mais des exécutants limités dans leurs vues et dans leurs aspirations.

Qui s'enquiert actuellement des lieutenants d'Alexandre, de César, de Charles XII? Quelle volonté pouvait exister à côté de la leur? Qui ne sait, en ce qui concerne Napoléon, combien les plus illustres de ses maréchaux, si magnifiques et si résolus dans l'exécution, lorsqu'ils recevaient de l'Empereur ces ordres précis et détaillés où tout semblait prévu, devenaient indécis, comme désorientés, lorsqu'il était loin d'eux? Qui ne s'est rendu compte combien les manœuvres d'un résultat si heureux en 1796, 1805, 1806, 1809, alors que Napoléon opérait sur des terrains et avec des effectifs assez restreints pour avoir à peu près tout son monde à sa portée, furent moins décisives en 1812, 1813, quand les masses mises en mouvement furent groupées en « armées », échelonnées sur de vastes étendues, et que les chefs de ces armées eurent à prendre eux-mêmes des décisions, répondant à la fois aux circonstances du moment et aux « directives » générales que l'Empereur devait alors se contenter de leur envoyer? Ainsi se justifient les instructions des alliés en 1814 : « Éviter la bataille avec Napoléon; l'engager avec ses lieutenants. »

Ainsi s'explique aussi qu'une fois l'homme de génie disparu, son œuvre, trop colossale et trop dépendante de son unique personnalité, s'effondre souvent brusquement — pour un temps au moins; — car l'avenir ensuite en recueille les débris, les années en dégagent les principales idées; les esprits arrivent, par un travail lent de reconstitution, à concevoir et quelquefois à reprendre ce que la prescience et l'instantanéité du génie avaient senti et deviné.

L'œuvre entreprise par Bonaparte dans la vallée du Nil était délicate entre toutes, puisqu'elle avait comme moyen de gagner la sympathie du monde musulman, de la Syrie au Maroc, et comme but, de faire de ce monde, sous l'égide religieuse de la Mecque opposée à Constantinople, un immense groupement soumis à l'influence ou à l'action de la France. Elle exigeait du général en chef et de ses lieutenants, souvent éloignés de lui, les mêmes qualités de tact et de froide énergie, qualités indispensables si l'on considère le fanatisme ombrageux des populations mahométanes, leur haine native contre les infidèles, les intrigues dont elles sont travaillées. Elle présente ce côté intéressant de permettre de suivre toutes ses évolutions, puisque, conçue et commencée par Bonaparte, elle ne put subir son impulsion directe que pendant treize mois environ. Elle offre donc la possibilité d'étudier, sous ses diverses faces, le rôle des généraux de l'armée d'Egypte, — d'abord sous la direction immédiate du maître, puis libérés de sa tutelle, — et de dégager ainsi plus complètement l'action personnelle et les idées du général en chef.

Quand Bonaparte débarqua en juillet 1798 dans la rade d'Alexandrie, il n'exerçait pas encore — bien qu'il eût déjà étonné l'Europe par ses victoires — un ascendant qui mît tous ses actes à l'abri de la critique ou tout au moins de la discussion.

Les demi-brigades de l'armée d'Egypte, qui provenaient de l'ancienne armée d'Italie, le connaissaient et avaient pour lui le dévouement, l'admiration sans bornes, dus à leur chef d'Arcole et de Rivoli. Celles au contraire qui avaient été prises dans les armées du Rhin, éprouvaient envers les premières de vagues sentiments de jalousie et se trouvaient, de ce fait, portées à montrer quelque froideur à l'égard de leur général. Les débuts de la campagne d'Égypte, les premiers combats devaient suffire pour gagner à Bonaparte l'entière confiance de tous les officiers et soldats de l'armée; l'activité qu'il déployait, le soin qu'il prenait d'entretenir dans les rangs des demi-brigades l'enthousiasme — et même la gaîté — allaient lui permettre d'exiger de ces hommes, transportés loin de la patrie, souffrant de la chaleur du climat, jetés parfois dans de pénibles marches-à-travers le désert, les efforts les plus grands et les plus soutenus, en même temps que la plus stricte observation de règles de modération qui pouvaient les surprendre.

Mais, tout ceci n'était que questions de discipline militaire, de courage et d'endurance. Autre chose était la mise en application des idées de *politique musulmane* qui, elles, demandaient à être comprises, pour être justement appréciées. Les uns, soit qu'ils n'en saisissent pas exactement la portée, soit que la comprenant ils tinssent néanmoins à s'y réserver un sujet à oppositions et à critiques, raillaient les mesures prises par le général en chef ou gardaient tout au moins une attitude de dédaigneux scepticisme ; d'autres, soit qu'ils y fussent portés par leur tempérament ou même par leur affection pour Bonaparte, soit qu'ils crussent peut-être faire ainsi un acte de profitable courtisanerie, exagéraient et dépassaient l'esprit des instructions qu'ils recevaient ; la grande majorité, s'honorant d'être disciplinée, se contentait d'appliquer ces instructions avec une intelligence plus ou moins éclairée ; éternelles divisions, qui pourraient s'appliquer à toute entreprise humaine, mais qu'il fallait noter ici, parce que chacune d'elles aura dans l'armée des représentants, que les circonstances appelleront successivement à jouer en Égypte un rôle considérable.

Kléber et Menou pouvaient être considérés comme les types des deux courants extrêmes, le premier par sa frondeuse réserve, le second par son enthousiasme exagéré ; autour d'eux et en dessous d'eux s'agitaient, dans un changement d'opinions que leur semblaient motiver les circonstances, des personnalités de moindre importance qui étaient loin d'avoir leur conviction ou leur valeur morale. Desaix peut au contraire être regardé comme l'observateur fidèle et clairvoyant des idées du général en chef.

Lié depuis peu à Bonaparte par une amitié et une admiration que ne lui avait pas dictées l'intérêt, Desaix s'appliquait, au milieu des pénibles labeurs de sa campagne dans la Haute-Égypte, à faire, comme lui, un emploi approprié des moyens de conciliation et d'énergie, et méritait, de la part des indigènes qu'il avait à combattre, le titre de « Desaix le juste ». Les musulmans ont besoin de sentir que la main qui les gouverne est à la fois équitable et forte. Bonaparte le leur rappelle par ses paroles et ses actes ; Desaix suit la même règle.

Lorsque la situation est grave et qu'une insurrection générale semble imminente, comme en juillet 1799, à la veille du débarquement des Turcs à Aboukir, il écrit de Matea, dans la Haute-Égypte, au chef de brigade Morand, commandant à Girgeh : « Je commence à être content de vous ; vous parlez de couper des têtes à quelques cheiks méchants. J'espère que vous ferez quelques exemples et que tout ira bien dans votre pays... Ainsi, mon cher Morand, terminons nos querelles et qu'*une bonne justice, à propos*, comme vous la demandez, finisse nos différends[1]. »

Au même moment, des « pèlerins barbaresques », arrivant de la Mecque, débarquent à Kosseir, sur les bords de la mer Rouge, pour gagner de là le Maroc et l'Algérie; leur descente sur le Caire, dans les circonstances où se trouve l'Égypte, peut être d'autant plus grave et embarrassante qu'ils sont armés, et cependant tout commande de les ménager. Les ordres que Desaix donne à leur sujet apparaissent comme un modèle de politique à la fois active et prudente : « Les désarmer, prendre des otages, mais en leur disant que leurs armes leur seront rendues au Caire et que leurs personnes seront respectées; leur donner des subsistances; les embarquer disséminés pour le Caire; les bien traiter, les fêter même, s'ils sont sages ; mais avoir soin de surveiller tous ces fanatiques[2] »; instructions fort judicieuses, où chaque disposition, nécessaire pour la sécurité de l'Égypte, mais

[1] Lettre du général Desaix, commandant la Haute-Égypte, au chef de brigade Morand à Girgeh (17 juillet 1799) (*Arch. de la Guerre*).

[2] Lettres du général Desaix au général Dugua, commandant au Caire (25 juillet 1799) et au général Belliard (19 juillet) (*Arch. de la Guerre*).

qui pourrait mécontenter les pèlerins, se trouve immédiatement corrigée par une mesure de bienveillance.

Avec le général Menou, qui commande à Rosette, l'équilibre entre les éléments indispensables au succès de la politique de Bonaparte — modération et protection du culte d'une part, vigueur et vigilance de l'autre — se trouve rompu en faveur des premiers.

Menou inaugure sa prise de commandement par une proclamation très sage : « L'intention de la République et du général en chef est d'établir un meilleur gouvernement de l'Égypte, de détruire la tyrannie, d'établir de bonnes lois et de rendre tout le monde heureux... Dieu soit béni!. » Il fait célébrer avec toute la pompe voulue les fêtes du Prophète : « Tout le monde était for content, excepté les riches qui perdent de leur influence [1]»; il reçoit à ce sujet les félicitations de Bonaparte, qui lui écrit le 28 août 1798 qu' « il a fait lui-même célébrer l'anniversaire de Mahomet avec une pompe qui lui a presque mérité le titre de saint ». Les fêtes du 1er vendémiaire ont également à Rosette autant d'éclat qu'au Caire : « Le général, l'état-major, le Divan et les trois commandants turcs sont montés sur l'amphithéâtre au bruit

[1] Lettre du général Menou à Bonaparte (Rosette, le 25 août 1798) (*Arch. de la Guerre*).

du canon et de la musique;... le drapeau tricolore a été arboré sur le plus haut minaret[1]. »

Après l'insurrection du Caire, Menou recommande aux officiers sous ses ordres de l'attention et de la vigilance. La lettre qu'il écrit le 24 octobre au général Manscourt, commandant à Alexandrie, témoigne à la fois de la justesse de certaines de ses vues et des faiblesses de son caractère : « Caressez les uns, épouvantez les autres; en ce monde, il faut du *charlatanisme* et on arrive à son but. La justice a été terrible au Caire; il faut qu'elle soit de même partout où se manifesteraient de semblables mouvements; mais il faut tâcher de les prévenir par une justice douce et sévère et par une grande impartialité[2]. »

Ses instructions du 16 novembre au général Vial, à Mansourah, sont plus fermes : « Il paraît que les habitants sont plus mutins que les autres; ils se rappellent sans doute que leurs ancêtres ont battu les nôtres; ils devraient s'être aperçus que nos baïonnettes de 1798 valent mieux que les sabres de 1552 (*sic*)[3]. »

Mais bientôt Menou multiplie et exagère ses prévenances envers les musulmans. Il ne se contente plus

[1] *Courrier de l'Égypte* (nº 10 du 6 octobre 1798).

[2] Lettre du général Menou, à Rosette, au général Manscourt à Alexandrie (24 octobre 1798) (*Arch. de la Guerre*).

[3] Lettre du général Menou à Rosette, au général Vial à Mansourah (16 novembre 1798) (*Arch. de la Guerre*).

d'assister à leurs grandes fêtes ; il se rend à des cérémonies plus intimes, comme celle de la circoncision des enfants, chez les principaux habitants de Rosette. Il pénètre souvent dans les mosquées « où il prie, dit-il, comme un bon musulman, ce qui fait très bon effet » ; son zèle devient tel qu'il embrasse la religion du Prophète et ajoute à son nom celui d' « *Abdallah* ». L'armée apprend bientôt qu'il épouse une musulmane.

Rien ne saurait mieux rendre les sentiments d'étonnement qui accueillirent l'annonce du mariage de Menou que les lettres que lui adressèrent, à cette occasion, quelques-uns de ses compagnons d'armes. Le capitaine de frégate Delarue, commandant *la Muiron*, lui écrit le 7 mars 1799 : « Les uns trouvent cet événement singulier, les autres extraordinaire; les philosophes, indépendants par principes et par caractère, habitués à n'envisager les religions locales que comme des institutions purement politiques, jugeront votre conduite sous ce point de vue et, dans l'examen de ses résultats, vous sauront gré de vos motifs; la raison, la nature et la politique vous approuvent ; puisse un si grand exemple trouver beaucoup d'imitateurs [1] ! » Les compliments que Marmont lui adresse le même jour sont dans la même note :

[1] Lettre du capitaine de frégate Delarue, commandant *la Muiron* à Alexandrie, au général de division Menou, commandant en Egypte (7 mars 1799) (*Arch. de la Guerre*).

« Votre mariage est utile aux intérêts de l'armée; j'y vois un grand dévouement à ces intérêts. [1] »

On paraît, en tous cas, s'intéresser vivement, dans les états-majors et les demi-brigades, à ce mariage quelque peu imprévu d'un général français avec une Égyptienne « qu'il n'a pu voir que voilée avant de l'épouser », et, dans une nouvelle lettre à Menou, en date du 13 mars, Marmont semble être l'interprète de la curiosité générale : « Je suis impatient de savoir si Mme Menou est jolie et si vous comptez bientôt, à la manière du pays, lui donner des compagnes. Me permettrez-vous, moi profane, de lui offrir mon hommage[2] ? »

Menou, qui a près de soixante ans, se pique de jeu. Il saisit l'occasion de présenter sa femme : « Mon cher Marmont, écrit-il le 23 mars, ma femme dont vous me parlez aussi obligeamment est grande, forte, et en tout assez bien ; elle a de très beaux yeux, le teint du pays, les cheveux longs et extrêmement noirs ; elle est bonne et je lui trouve beaucoup moins de répugnance que je ne le croyais pour beaucoup d'usages français et surtout peu ou point de superstition, quoiqu'elle fasse ses prières fort exactement... je ne l'ai point encore pressée de se laisser voir à découvert aux hommes ; cela viendra peu à peu... je

[1] Lettre du général de brigade Marmont au général de division Menou (7 mars 1799) (*Arch. de la Guerre*).

[2] *Arch. de la Guerre.*

ne suivrai pas la permission que donne Mahomet d'avoir quatre femmes, sans compter les concubines... une me suffira...[1] ». — « Je vous fais mon compliment, répond Marmont, de ce que le sort ne vous a pas trompé; car c'est un peu jouer à la loterie que d'épouser une femme que l'on n'a pas vue[2]. »

Mme Menou devient en Égypte un personnage important. Lorsque son mari a ordre de se rendre au Caire, le général Dumuy qui y commande lui écrit qu'il lui prépare un logement avec jardin : « Je sais que c'est un grand agrément pour les femmes turques et je voudrais contribuer à tout ce qui peut être agréable à la vôtre[3]. » Dans ses dictées de Sainte-Hélène, Napoléon note « qu'après son mariage, elle continuait à fréquenter les bains de Rosette; elle y était courtisée de toutes les femmes fort curieuses de connaître son intérieur. Elle leur racontait les soins délicats que son mari avait pour elle; qu'à table elle était servie la première et que les meilleures choses étaient pour elle; que pour passer d'un appartement dans un autre on lui donnait la main; qu'on était constamment occupé à la servir, à satisfaire tous ses désirs et tous ses besoins. Ces discours produisirent un tel effet que les têtes de toutes les femmes à Rosette

[1] *Arch. de la Guerre.*

[2] Lettre de Marmont à Menou (25 mars 1799) (*Arch. de la Guerre*).

[3] Lettre du général Dumuy au Caire au général Menou, à Rosette (21 mars 1799) (*Arch. de la Guerre*).

en furent agitées ; elles adressèrent au sultan Kébir une pétition qu'elles envoyèrent au Caire, afin qu'il ordonnât dans toute l'Égypte aux Égyptiens de se comporter envers elles, selon l'usage des Français. »

Menou se montre du reste personnellement fort sensible aux démarches « des dames turques » et accueille généralement leurs demandes. L'effendi de Rosette leur ayant interdit d'assister à la fête du Ramadan, il fait lever cette défense, sans peut-être se préoccuper suffisamment s'il ne viole pas ainsi les coutumes du pays ; il appuie sa décision de ce fait qu' « aucun peuple ne respecte autant les femmes que les Français », et constate avec plaisir que « les dames turques approuvent ses discours par le tournoiement de leurs yeux, la seule partie de leur visage qui fut visible[1] ».

De plus, soit ascendant de sa femme, soit grâce divine du Prophète, il montre un zèle religieux tel qu'en fin mars 1799 il s'inquiète de savoir quand la caravane pour la Mecque quittera le Caire et ne parle de rien moins que d'en faire partie, « bien que ce soit un dur et fatigant voyage de six mois ». Le général Dumuy l'en dissuade doucement : « Je crois que lorsque vous aurez goûté de la vie du Caire, vous préférerez y rester plutôt que d'entreprendre un sem-

[1] *Courrier de l'Égypte*, n° 33 du 30 juillet 1799.

blable voyage[1]. » Il est trop tard, du reste, pour que Menou puisse se joindre à la caravane et, bien à regret, il doit renoncer à son projet.

Les hautes qualités de bravoure, de fierté et d'intelligence qui faisaient de Kléber « sur les champs de bataille, le plus imposant des capitaines[2] » ne lui auraient pas permis de s'abandonner aux actes de « charlatanisme », que Menou recommandait — peut-être inconsciemment — dans ses instructions du 24 octobre 1798 au général Manscourt. Mais elles l'auraient mis à même de suivre, comme Desaix, la politique du général en chef, si son esprit « capricieux, indocile et frondeur[3] » n'eût fait qu'il ne « voulait ni commander, ni obéir[4] ». C'était au feu seulement, dans la pénitude du danger, qu'il retrouvait ses facultés d'homme supérieur. De plus, s'il estimait les talents militaires de Bonaparte, il ne l'aimait certainement pas, et cette animosité devait contribuer à lui rendre suspecte et à lui faire déprécier la politique avisée du commandant de l'armée d'Orient.

Bonaparte avait eu soin de chercher à se concilier Kléber, dont il connaissait la haute valeur militaire et

[1] Lettre du général Dumuy au Caire, au général Menou, à Rosette (21 mars 1799) (*Arch. de la Guerre*).

[2] Thiers, *Histoire du Consulat et de l'Empire*.

[3-4] *Ibid.*

morale. « Croyez au prix que j'attache à votre estime et à votre amitié, lui écrivait-il en 1798 ; je crains que nous ne soyons un peu brouillés ; vous seriez injuste si vous doutiez de la peine que j'en éprouverais ; sur le sol de l'Égypte, les nuages, quand il y en a, passent en six heures ; de mon côté, s'il y en avait, ils seraient passés dans trois ». Mais Kléber ne semble pas s'être laissé désarmer par cette lettre flatteuse. S'il ne fait pas aux idées de Bonaparte une opposition ouverte, du moins « il n'obéit qu'en murmurant », ne les accueille qu'avec scepticisme et prend même plaisir à railler, lorsqu'il en trouve l'occasion. Ce simple mot qu'il adresse à Menou, en octobre 1798, dit toute sa joie de pouvoir faire de l'ironie : « Il faut espérer que les mœurs s'amélioreront bientôt ; car on m'assure que Tallien occupe la chaire de *la morale* à l'Institut du Caire [1] ».

Quant à son peu de foi dans la politique suivie à l'égard des musulmans, il suffit, pour l'apprécier, de constater, à la lecture de ses ordres, combien peu ils se rapportent à cet objet. Bonaparte lui a écrit le 30 juillet 1798 à Alexandrie qu' « il importait de ne pas laisser s'accréditer parmi les habitants du pays l'opinion que l'expédition était entreprise dans un but de propagande chrétienne [2] », c'est à cette néga-

[1] Lettre du général Kléber au général Menou (3 octobre 1798) (*Arch. de la Guerre*).

[2] Lettre de Bonaparte au général de division Kléber, à Alexandrie (30 juillet 1798) (*Arch. de la Guerre*).

tion que semble s'en tenir Kléber, et son nom ne serait, pour ainsi dire, pas mêlé à toute la première partie de la période d'occupation, si la bataille du Mont-Thabor n'était venue le faire connaître au monde musulman.

Kléber n'est du reste pas le seul dans l'armée, ou même parmi les savants et les administrateurs qui marchent avec elle, à douter du succès de la politique du général en chef et peut-être à ne pas en saisir toute la portée.

Relisons quelques lettres ; elles nous éclaireront sur l'état de certains esprits. Le général Dupuy qui commande au Caire et devait y être tué, lors de l'insurrection d'octobre, écrit le 19 août 1798 « au citoyen Deville, négociant à Toulouse » : « Mon bon ami, nous célébrons ici avec enthousiasme les fêtes de Mahomet ; nous trompons les Égyptiens par notre simulé attachement à leur religion, à laquelle Bonaparte et nous ne croyons pas plus qu'à celle de Pie le défunt ; nous remplaçons ici des scélérats qui ne laissaient au peuple que la chemise... Bonaparte est toujours le même ; il n'a pas dormi qu'il n'eût eu chassé les deux beys [1]... »

Denon, membre de l'Institut du Caire, semble encore moins convaincu, dans ses confidences du 30 octobre 1798 à Menou, et paraît trouver les géné-

[1] *Arch. de la Guerre.*

raux vraiment trop magnanimes : « Nous disons que nous sommes les amis du Grand Seigneur, que nous faisons tout ceci pour lui ; on n'en croit rien, nous n'en croyons rien et nous nous regardons en passant avec une défiance parfaitement réciproque, de sorte que nos promenades sont devenues courtes et mal assurées ; l'insurrection du Caire a un peu déchiré le voile philanthropique répandu sur l'Egypte ; je crois qu'il faudra tout uniment être les plus forts ; c'est un principe de l'Alcoran ; la catholicité est trop mielleuse et ils s'obstinent à nous croire tels[1] ».

Le 6 août 1799, après la défaite des Turcs à Aboukir, l'administrateur Poussielgue écrit à Bonaparte pour lui demander de réduire les attributions du Divan du Caire. Mais le général en chef, qui veut fermement l'application suivie des règles qu'il a posées, n'obéit pas plus aux suggestions des partisans de l'emploi de la force seule qu'à celles des ultra-musulmans comme Menou, et, lorsqu'il quitte l'Égypte, le 24 août de cette même année, les *mémoires*[2] qu'il laisse « sur l'état des affaires et sur ses projets » montrent qu'il reste toujours attaché aux mêmes principes directeurs : opposer la Mecque à Constantinople ; protéger activement la religion du Prophète ; ne rien faire qui puisse froisser le sentiment musulman.

[1] *Arch. de la Guerre.*

[2] Voir ci-dessus, page 31.

Ces instructions, que complétaient des indications sur la défense de l'Égypte, résument avec une saisissante clarté le but que devra se proposer et les règles dont ne devra pas se départir qui voudra faire la conquête morale de l'Islam. Bonaparte les laissait à Kléber qu'il avait désigné pour le remplacer en Égypte à la tête de l'armée d'Orient. « Le général Desaix était l'officier le plus capable de commander cette armée, écrit Napoléon à Sainte-Hélène, mais il était plus utile en France ; Kléber tenait le second rang, Reynier le troisième. »

L'autorité suprême passait ainsi à l'un des partis extrêmes, à celui qui ignorait ou voulait ignorer ce qu'il y avait de profondément sage dans la politique du général en chef. Plus tard, lorsque Menou remplacera Kléber assassiné, elle appartiendra à l'autre parti, à celui qui ne verra que le « côté musulman » de cette politique et restera sans décision et sans énergie dans les plus critiques circonstances. Les factions dont Bonaparte contenait par sa personnalité les incessantes rivalités, vont donc successivement détenir le pouvoir ; à les voir à l'œuvre, on jugera l'incomplet de leurs idées et de leur système.

Quand Kléber arriva à Rosette où il avait été convoqué, les frégates qui emportaient en France « César et sa fortune » avaient quitté le port depuis vingt-quatre heures ; au lieu de Bonaparte, il ne trouva qu'une lettre de Menou l'informant « qu'il était nommé commandant en chef de l'armée et qu'il devait dire aux Turcs et aux habitants du pays que Bonaparte est allé au-devant de la grande escadre française, qui sera ici dans deux ou trois mois[1] ».

La réponse que Kléber fit à cette communication indique clairement quels furent à ce moment son désappointement et ses dispositions d'esprit : « J'arrive à Rosette où j'ai rendez-vous ; l'oiseau était déniché ; j'espère que vous me donnerez des détails sur le départ de *notre héros* et celui de ses *dignes compagnons*. Si j'approuve le motif du départ de Bonaparte, du moins me reste-t-il quelque chose à dire sur la forme[2] ».

La consternation et la surprise furent profondes dans l'armée. Si le plus grand nombre se bornèrent à exprimer leurs regrets de n'avoir plus à leur tête le général « qui les avait tirés de tant de situations difficiles », beaucoup ne surent pas cacher leur mécontentement. Le général Dugua, qui commande au Caire et qui semble ignorer le 26 août où se trouve Bonaparte, lui écrit à cette date pour lui reprocher de ne l'avoir pas prévenu : « votre départ, votre *fuite*, nous ont mis au désespoir[3] ». L'administrateur Pous-

[1] Lettre de Menou à Kléber (24 août 1799) (*Arch. de la Guerre*).

[2] Lettre de Kléber à Menou (24 août 1799) (*Arch. de la Guerre*).

[3] Lettre de Dugua à Bonaparte (26 août 1799) (*Arch. de la Guerre*).

sielgue ne se contient guère plus dans ses dépêches à Menou : « Bonaparte *a joué* Dugua et moi[1] ».

Aussi Kléber, travaillé, dès les premières heures de son important commandement, par son animosité personnelle, par son peu de confiance dans l'œuvre entreprise autant que par les plaintes qu'il entend autour de lui, semble ne rien vouloir faire pour enrayer le découragement qui semble prêt à gagner l'armée. Les premiers mots qu'il adresse à ces hommes, que hante maintenant un violent désir de rentrer en France, ne sont pas pour faire appel à leur énergie, pour leur montrer la grande tâche qu'ils ont encore à remplir, pour les encourager à continuer, malgré les difficultés, l'œuvre de Bonaparte, mais plutôt pour répondre à leurs désirs, légitimes si on ne considère que les souffrances déjà endurées, mais dangereux à évoquer si l'on tient compte de la situation de l'armée et de la nécessité de sa présence en Orient. « Soldats, un puissant secours va vous arriver ou bien une paix glorieuse, une paix digne de vous et de vos travaux, va vous ramener dans votre patrie », s'écrie Kléber dans sa proclamation, comme s'il était déjà — et d'avance — tout acquis à l'idée, qu'il faillit réaliser quelques mois plus tard, d'abandonner l'Égypte, qui lui avait été confiée comme au plus digne.

[1] Lettre de Poussielgue à Menou (7 septembre 1799) (*Arch. de la Guerre*).

Installé au Caire, dans le palais du gouvernement, Kléber fit connaître au Divan le départ de Bonaparte, « parti en France pour assurer le bonheur de l'Égypte », et son intention de protéger, comme celui-ci l'avait fait, les Égyptiens et la religion du Prophète. Il s'entoura d'un certain faste pour frapper les imaginations des Orientaux et continua, suivant l'habitude de Bonaparte, à recevoir les ulémas et les cheiks et à s'entretenir avec eux. Mais son rude tempérament s'accommodait mal à ce milieu tout particulier, à ces discussions de théologie sur les principes du Coran « avec lesquels il était du reste peu familier ». Aussi ces conversations, auxquelles Bonaparte donnait tant d'intimité et dont il avait su faire un de ses principaux moyens d'influence, cessèrent-elles peu à peu. Bientôt même, entraîné par sa vigueur naturelle, qu'il avait de la peine à tempérer, Kléber se laissa aller à faire sentir sans retenue son autorité à tous ces prêtres et docteurs de l'Islam. Ils se détachèrent insensiblement de lui. En même temps, grandissaient dans l'armée ces sentiments de lassitude, de désespérance, si fréquents parmi ceux qui sont loin de la patrie. Kléber s'abandonna lui-même à cette sorte de découragement.

Convaincu — de parti pris — que tout effort pour s'attacher les musulmans est vain, il ne trouve dans leur abandon qu'une confirmation de ses propres idées. Partageant les sentiments et le chagrin d'une partie de l'armée, s'exagérant les dangers que pouvaient lui faire courir les projets d'invasion des Anglais et des Turcs, sentant ainsi tout lui manquer à la fois, il ne songe plus qu'aux moyens de rentrer en France. Il adresse au Directoire, le 26 septembre 1799, un long mémoire, suivi d'un rapport de l'administrateur des finances Poussielgue, l'ancien homme de confiance de Bonaparte dans ses négociations avec la Mecque et aujourd'hui son accusateur. Mémoire et rapport, sciemment erronés, ne sont qu'un violent réquisitoire contre Bonaparte ; ils parviennent au Premier Consul, chef absolu du gouvernement, alors qu'en Égypte on le pensait hors la loi ou prisonnier des Anglais.

En vain Desaix qui se trouve encore dans la vallée du Nil, en vain Menou, en vain Davout cherchent à dissuader Kléber de ses projets injustifiés d'évacuation. Celui-ci entre en négociations avec le grand vizir et l'amiral anglais sir Sidney Smith. Il leur envoie comme plénipotentiaires, Poussielgue qui vient de calomnier son bienfaiteur d'hier, et Desaix « le Juste » qu'il cherche à persuader par ces paroles : « Bonaparte a le premier commencé les pourparlers avec les Turcs ! »

Et quelle première base songe-t-il à prendre pour ces négociations ? Celle d'une sorte « de domination mixte, au moyen de laquelle la Porte occuperait la campagne d'Égypte et percevrait le miri ou impôt foncier; la France occuperait les places et les forts et percevrait les revenus des douanes ». Même ainsi, c'était annihiler toute l'œuvre menée à bien depuis le 1er juillet 1798, c'était prendre le contre-pied du but si habilement poursuivi par Bonaparte et si nettement indiqué dans ses instructions, qui étaient des ordres : « *Reconstituer la patrie arabe, en face et en dehors de Constantinople* ».

Et pourtant, aussi désastreuse que pût être une pareille conception, elle devait encore être dépassée dans ses conséquences, puisque la convention d'el-Arich, conclue le 28 janvier 1800, stipulait l'évacuation pure et simple de l'Égypte par les Français. Desaix n'avait apposé sa signature au bas de cet acte que désespéré et par ordre : « Gardez-vous d'évacuer l'Égypte, avait-il écrit à Kléber ; l'armée du grand vizir n'est qu'un misérable amas de bandits ». « L'armée turque est immense, elle est formidable... L'armée russe est déjà arrivée aux Dardanelles... » criait au contraire l'administrateur Poussielgue qui flattait les idées de Kléber comme il avait flatté celles de Bonaparte ; tristes débats où se révèle le caractère des hommes et qui permettent à l'histoire de rendre à chacun la justice qui lui est due !

Le gros de l'armée dont on n'avait su soutenir ni l'enthousiasme ni le courage, se préparait avec joie au départ. La duplicité et l'insatiabilité anglaises allaient la rappeler à ses véritables devoirs. Le gouvernement britannique avait pu saisir un double des rapports mensongers de Kléber et de Poussielgue au Directoire ; la convention d'el-Arich, la hâte que les Français avaient apportée à négocier paraissaient lui confirmer leur lassitude, leur prétendu affaiblissement. C'est assez pour que l'Anglais, qui maintenant se croit le plus fort, veuille faire payer à l'armée d'Orient la terreur qu'elle lui a inspirée en 1798 pour ses possessions de l'Inde. « Les Boers doivent disparaître », pense M. Chamberlain en 1900. « Il faut que cette armée française périsse et soit un exemple de la vengeance britannique », s'écrie un siècle avant, M. Dundar, membre du cabinet britannique ; souhaits barbares, rodomontades odieuses qui, à cent ans de distance, se heurteront au même obstacle : l'héroïsme que donne l'amour de la patrie.

Devant ces insolences anglaises, devant la brutale sommation d'avoir à livrer ses soldats et leurs drapeaux, Kléber indigné redevient l'énergique soldat du champ de bataille. Il ramène une partie de son armée de la Basse-Égypte au Caire, disperse à Héliopolis, le 20 mars 1800, les 80.000 hommes du grand vizir. Trente-cinq jours après, l'Égypte « dont l'armée n'avait plus possédé que le terrain qu'elle avait sous les pieds » était complètement libérée, l'insurrection du Caire réprimée, l'ordre rétabli dans toutes les provinces et dans toutes les villes.

Kléber avait « glorieusement réparé ses fautes » ;

il en était cependant dont il ne sembla pas prendre soin d'effacer la trace et d'éviter le retour. En rentrant au Caire, il montre, il est vrai, de l'humanité, en faisant cesser les massacres, mais il oublie les recommandations et les leçons d'expérience que lui avait laissées Bonaparte à l'égard du culte mahométan et de ses représentants. Et, cependant, jamais il n'eût été plus nécessaire de s'en souvenir qu'à cette heure où la force venait de triompher avec tant de violence!

Peut-être les musulmans auraient-ils encore pu être ramenés; les agents anglais racontaient eux-mêmes combien les avaient surpris, au cours de cette formidable insurrection, « les marques d'attachement qu'en certains endroits les Égyptiens donnaient à nos soldats[1] ». Mais loin de se préoccuper d'assagir les esprits, de rétablir le calme dans le Caire, « cette grande cité, qui avait reçu en triomphe les trophées de la Syrie et s'était alors associée aux destinées de l'armée et aux espérances de reconstitution de la patrie arabe[1] », Kléber ordonne, en violation des instructions de Bonaparte, qu'une partie de la contribution dont il frappait les villes insurgées serait « payée par les principaux cheiks et les propriétés des mosquées ». Et, comme le cheik Sadah, auquel Bonaparte avait eu l'habileté de pardonner en octobre 1798,

[1] Thiers, *Histoire du Consulat et de l'Empire*.

refusait de l'acquitter, il lui fait infliger l'humiliant châtiment de la bastonnade, « véritable outrage fait au sang du Prophète ».

Les projets d'évacuation de Kléber, ses conventions, puis ses luttes avec les Turcs avaient commencé à ébranler la faible confiance que le monde musulman pouvait avoir dans les Français et dans la permanence de leur établissement sur le Nil. Ses derniers actes, par le mépris qu'ils témoignaient envers le culte, font frémir l'Islam du Maroc à la Syrie.

L'Égypte occupée et maintenue par la force ne peut se soulever ; mais, qui, — sauf les ulémas et les cheiks, dont on n'avait plus à espérer le concours, — serait capable d'empêcher les prédications dans les mosquées, surtout en Syrie et en Palestine, que traversaient en ce moment les bandes de l'armée du grand vizir ? qui surtout s'opposerait à ce travail d'infiltration, à cette diffusion secrète et rapide des mots d'ordre d'extermination qui pénètrent jusqu'aux plus lointaines des peuplades et vont réveiller partout le fanatisme endormi ? Bonaparte respectait le Prophète ; Kléber l'insulte ; les Français redeviennent ce qu'ils avaient cessé d'être : *des Infidèles ;* contre eux toute arme est bonne. « *Le combat sacré* » — lequel consiste à tuer un chrétien — vaut à qui le livre la promesse du Paradis. Le 14 juin 1800, Kléber tombe sous le poignard d'un jeune homme nommé Suleiman, accouru de la Palestine, pourvu par les musulmans d'argent et d'un dromadaire pour la route, connu et approuvé peut-être par les ulémas du Caire.

Le général Menou remplaça Kléber à la tête de l'armée. Très attaché au Premier Consul, partisan convaincu de la nécessité de se maintenir en Égypte et de s'en attacher les habitants, il apparaissait aux musulmans par sa conversion, par son mariage, par tous ses actes, comme plein de respect pour le culte du Prophète, mais se trouvait, de ce fait même, sans ascendant sur le soldat qui raillait en lui les pratiques de ce même culte et jusqu'à ce nom d' « Abdallah » qu'il avait cru devoir ajouter au sien. L'armée voulait à sa tête un chef et non un uléma! Et, dans la situation où se trouvait l'Égypte, malgré la tranquillité apparente et le bon état du pays, c'était bien un chef énergique qu'il fallait avant tout. Kléber était capable de rétablir par la force des armes la situation la plus compromise; les facultés de Menou ne pouvaient lui permettre que de maintenir temporairement par la politique un ordre de choses solidement établi.

Si Menou eût été appelé à remplacer directement Bonaparte en août 1799, peut-être aurait-il pu éviter une partie des graves événements survenus depuis cette époque. Maintenant que Kléber avait ébranlé par de formidables secousses tout l'édifice si laborieusement élevé, maintenant qu'il laissait une Égypte dont le territoire était intact, il est vrai, mais dont les sentiments s'étaient profondément modifiés, l'heure n'était plus aux conversations ni aux discussions théologiques avec les cheiks ; elle était à l'action, aux préparatifs de défense, à la tenue en bonnes conditions de l'armée, qui n'avait plus la population pour elle et devrait disputer sa conquête aux Arabes, aux Turcs et aux Anglais.

Des trois *mémoires*, qu'avait laissés Bonaparte, en s'embarquant à Alexandrie, Menou ne semblait connaître que ceux qui concernaient l'administration, la politique et la religion; il paraissait ignorer tout ce qui touchait à la défense de l'Égypte. Quand vient l'invasion, il disperse ses troupes, est irrésolu, commet fautes sur fautes.

Les résultats sont la capitulation du Caire le 25 juin 1801, celle d'Alexandrie le 2 septembre suivant.

« Une armée de lions, commandée par un cerf, ne sera jamais une armée de lions, écrivit plus tard Napoléon à ce sujet;... le Premier Consul ne pouvait, à la mort de Kléber, avoir aucune idée de cette complète privation de toute qualité militaire qu'on a depuis reconnue dans Menou. »

Parce qu'il n'était pas un chef, Menou avait lamentablement perdu l'Égypte, que l'énergie de Kléber, dédaigneux des principes de la politique en pays musulman, avait glorieusement compromise.

Bonaparte avait vu le but grandiose et fécond; s'appuyant sur des victoires magiques, il avait montré et appliqué avec succès les moyens qui devaient permettre de l'atteindre et dont toute l'efficacité dépendait de leur emploi simultané, approprié aux circonstances. La perception du but échappa en partie à ses lieutenants par sa grandeur et sa nouveauté; mais, matériellement tenus à obéir à sa volonté tant qu'il fut présent en Égypte, ils durent faire tout au moins l'application des moyens ordonnés; lui parti, ils se laissèrent guider par leur tempérament personnel, leurs propres idées, plus que par les instructions qu'ils avaient reçues; ne faisant pas abstraction de leurs préférences, ne semblant croire possible que ce dont ils se sentaient capables, ils négligèrent les uns ou les autres des modes d'action nécessaires et fournirent ainsi, par l'impuissance même de leurs efforts, l'irréfutable démonstration que les uns et les autres sont également indispensables.

III

L'EMPIRE DE L'AFRIQUE

Le plan général, dont Bonaparte a si heureusement tracé les grandes ligne, peut-il être actuellement repris?

Aujourd'hui, *le sentiment musulman*, bien que pouvant paraître assoupi, est aussi vivace et aussi profond qu'il y a cent ans. Sous l'active impulsion du sultan Abdul-Hamid que semble travailler une idée de panislamisme, Constantinople exerce encore sur les fidèles une indéniable influence morale; mais, si quelques succès récents ont pu compenser en partie les pertes infligées à son prestige par bien des défaites successives, elle n'en a pas moins vu de vastes territoires échapper à sa suzeraineté effective. Que deviendrait son autorité si le Commandeur actuel des Croyants qui la soutient, au milieu d'innombrables difficultés, par son énergie et sa politique avisée, venait à disparaître?

Le Maroc ne relève pas de la Turquie; l'Égypte, la Tunisie, l'Algérie ne sont plus sous sa dépendance; la Tripolitaine, son unique et dernière porte d'accès au Centre africain, pourra lui être enlevée demain. Dans les profondeurs du Soudan que peuplent des millions de mahométans, Constantinople est à peu près inconnue. La Mecque, au contraire, a conservé partout, jusque chez les peuplades les plus reculées, son rayonnement incontesté de *ville sainte*; c'est face à elle qu'Arabes, Maures, Touareg, Nubiens, Peuhls et Noirs de toutes races se prosternent en de longs salams; c'est vers elle qu'accourent les fidèles groupés en caravanes, que n'effraient ni l'immensité des distances, ni les multiples obstacles de la route.

La pensée de Bonaparte tend à se réaliser : *La Mecque, ville sainte, ville spirituelle, commande plus universellement que Constantinople, ville où les humiliations du pouvoir temporel affaiblissent la puissance du pouvoir religieux.* « Si Mahomet revenait sur la terre, ce n'est pas à Constantinople qu'il établirait sa demeure[1]. »

Installés en Égypte, les Anglais semblent avoir entrepris de mettre la main sur les chérifs de la Mecque et de prendre ainsi la direction d'une sorte de politique mondiale du monde musulman.

Les procédés qu'ils emploient ne sont pas et ne peuvent pas être ceux de Bonaparte. Ils ont la force,

[1] Ordre du jour du 30 juin 1799 (*Arch. de la Guerre*).

le souvenir des tueries d'Ondurman et des incendies d'Alexandrie, mais ils n'ont pas l'éclat de victoires éblouissantes. Ils ont l'argent, avec lequel ils cherchent à acheter les consciences, l'activité, l'esprit d'audace et de suite qui leur font concevoir et exécuter les plus gigantesques travaux; mais ils n'ont pas la simplicité, l'affectueuse familiarité, l'esprit de justice et de générosité qui solidarisent vainqueurs et vaincus dans une pensée d'œuvre commune. Ils travaillent pour eux seuls. Derrière leurs actes les mieux étudiés, on sent leur impérialisme; derrière leur respect pour le culte mahométan, on devine la Bible. Leurs mises en scène sont fastueuses, mais tout à la gloire de la seule Angleterre.

Le fellah applaudissait à la rupture de la modeste digue, qui permettait au « fleuve béni » de porter dans son champ l'inondation bienfaisante; il avait vu Bonaparte présider cette cérémonie sacrée et savait que le général en chef voulait que « l'eau fût également répartie entre tous ». S'il peut admirer aujourd'hui le colossal barrage d'Assouan comme un monument de la puissance anglaise, il peut le craindre aussi comme un instrument formidable d'exploitation et de domination; l'eau ira aux plantations de coton des capitalistes anglais avant de venir au riz et au maïs des petits propriétaires indigènes; ce qu'on en donnera à ceux-ci répondra de leur sagesse et de leur loyalisme.

C'est aux Français à reprendre la tradition de leur aînés de 1798, dont ils ont toujours les attirantes qualités.

Bien que la France ait été chassée de la vallée du Nil, sa situation considérable dans le Levant, ses droits historiques, tout son glorieux passé lui assurent une égale possibilité d'agir sur Constantinople ou sur la Mecque.

Elle possède, dans l'Ouest et le Centre africains, des territoires immenses qui vont sans interruption de la Méditerranée au golfe de Guinée, de l'Ouadaï et du lac Tchad à l'Atlantique. Cet empire colossal, constitué d'hier, est à ses portes, si près que, quand il sera mieux connu et mieux pourvu de communications rapides, il apparaîtra réellement à la mère patrie comme « un prolongement », infiniment varié dans ses populations, ses richesses, ses ressourses, et ses besoins. Explorateurs, savants, ingénieurs, officiers et administrateurs ont la noble ambition de fondre toute cette diversité en un tout unique, de faire de ces terres et de ces peuples un ensemble qui soit français autrement que de nom.

La science s'efforce d'y parvenir par ses chemins de fer, ses télégraphes, ses routes et ses pistes, ses écoles, ses champs d'expérience, par toute la mise en œuvre de son imposant appareil de pénétration, de jonction, de civilisation et de développement pacifique. Il faut qu'à côté d'elle la politique, — l'action morale, si l'on veut, — gagne les cœurs, en prenant à notre profit la direction de la seule grande idée qui unisse actuellement la plupart des peuples dispersés sur tout notre empire africain, *de l'idée musulmane*, qui régit les pensées, les sentiments et les actes de la masse de cette énorme agglomération.

Cette idée, la France doit en faire une aide précieuse pour son expansion; elle doit se présenter chez les mahométans du Centre et de l'Ouest africains comme une *grande puissance musulmane*, comme une auxiliaire naturelle et sincère des disciples du Prophète.

La tâche est délicate et de longue durée.

Dans son ouvrage « *la France et l'Islam en Tunisie* », M. Henri Pensa en a bien marqué les difficultés : « A entendre les musulmans, écrit-il, la civilisation occidentale et la civilisation chrétienne ne font qu'un seul tout... L'Évangile doit se trouver au fond de toutes les connaissances modernes occidentales, comme le Coran est l'essence de toutes les connaissances du monde de l'Islam. » Notre action, — et c'est le premier point à affirmer — doit donc apparaître comme débarrassée de toute arrière-pensée de prosélytisme chrétien, notre science comme indépendante de toute idée confessionnelle. Les insuccès fréquents des missions chrétiennes en pays *musulmans*, malgré toute l'habileté et toute la tolérance qu'elles peuvent montrer, ne font que confirmer ce que nous avait déjà appris la campagne de 1798. Les Français n'avaient-ils pas dû alors la sympathie qui les accueillit, dès leur débarquement en Égypte, en grande partie à l'indifférence religieuse des demi-brigades de l'armée, aux démêlés de Bonaparte avec le pape et les chevaliers de Malte, à l'esprit indépendant de tout dogme des savants qui escortaient le général en chef? N'étaient-ce pas là des faits capables d'effacer dans l'esprit de l'Islam les souvenirs vivants qu'y avaient laissés notre rôle personnel dans les Croisades et le retentissement des luttes séculaires de l'Espagne catholique contre les Maures.

Mais cette abstention, aussi rigoureuse soit-elle en matière de prosélytisme, ne marque que le côté pour ainsi dire passif de notre politique; nous devons faire plus, avoir une attitude nettement active.

Les nombreuses et puissantes confréries musulmanes qui s'échelonnent du Maroc, de l'Algérie et de la Tunisie au Sénégal, au Niger et au Tchad doivent être entre nos mains les véritables instruments de notre direction du monde de Mahomet. C'est un art difficile et qui exige une profonde connaissance de l'âme musulmane, de savoir tirer parti des divisions que créent entre elles toutes sortes de rivalités, questions de préséance, de rites, d'origines, de races ou tout simplement concurrence dans la récolte des offrandes; et, c'est avec elles surtout qu'il faut se souvenir des recommandations de Bonaparte, calculer ses actes « pour que pas un mot ne vienne détruire le travail de plusieurs années », ne pas craindre pour « favoriser les mosquées et les fondations pieuses » de perdre même quelques droits.

Nous nous sommes jusqu'alors appliqués à nous attacher ces confréries ; nous avons cherché chez les « Tidjania », les « Kadria », les « Taïbia », les « Nasria », des auxiliaires souvent précieux de notre progression dans le Sud algéro-tunisien et dans l'intérieur du Soudan. Il faut que nous leur demandions la même aide pour notre pénétration au Maroc, sorte de citadelle de l'Islamisme, et pour l'établissement de nos relations avec les « Senoussiâ » sur les bords du lac Tchad.

Bien que nous venions d'avoir une prise de contact un peu rude avec cette dernière et puissante confrérie, dont les zaouïas tiennent tout le pays de la Tripolitaine et de la Cyrénaïque au Centre africain, il faut que nous l'attirions à nous et que nous utilisions son ancienne haine contre les Turcs, les ressentiments qu'ont dû laisser en elle les excommunications de Constantinople, son désir d'indépendance, de réforme et de domination religieuse, pour l'amener à concilier ses intérêts avec les nôtres, pour la dresser dans toute la rigueur de son puritanisme en face de la corruption des « Osmanlis », pour en faire un de nos principaux instruments dans l'œuvre du grand groupement musulman déjà tenté par nos aînés.

Que notre diplomatie agisse auprès des chérifs de la Mecque ! Que dans toutes nos colonies africaines nous affichions, en même temps que notre protection du culte du Prophète, notre respect pour la ville sainte ! Que nous aidions largement les mouvements des pèlerins vers elle ! Que nous y laissions affluer les offrandes de nos protégés ! Que nous y joignions même les nôtres sous forme de cadeaux ! La Mecque grandie spirituellement, c'est Constantinople diminuée et notre œuvre facilitée.

Notre attitude générale en Afrique ne présente actuellement rien qui s'oppose à ce mode d'action. Dans la plupart de nos colonies, et spécialement en Algérie et en Tunisie, *les procédés* que nous employons sont bien ceux de la grande tradition de 1798 : fermeté et vigilance d'une part, modération et active protection du culte de l'autre.

Le maréchal Bugeaud a excellé dans ces coups rapides de vigueur accompagnés de mesures d'aide, de bienveillance, de large et généreux pardon envers les indigènes ou leurs chefs. Le général Galliéni s'est signalé au Soudan, au milieu de populations musulmanes, plus inintelligemment fanatiques, par ses colonnes hardies autant que par ses ordres d'organisation et par ses instructions respectueuses du culte, des usages, des mœurs et des traditions. Dans son dernier rapport de 1899, le regretté colonel Klobb, dont on connaît les énergiques coups de mains sur les tribus insoumises de Maures et de Touareg, n'oubliait pas d'écrire : « Je ne perds pas de vue dans mes relations avec eux qu'il ne faut pas lutter en face par la force contre l'influence musulmane. »

Hier, sur le Tchad, les combats contre les Senoussiâ n'étaient pas terminés que l'on tentait de négocier avec eux ; le gouvernement avait l'heureuse inspiration de décorer de la Légion d'honneur le cheik d'une de leurs zaouïas du Sud algérien.

Plus récemment encore, dans le Sud oranais, sur la frontière marocaine, la sévère et juste leçon infligée aux Ksouriens de Figuig était suivie de mesures pacificatrices et, si les incursions du marabout Bou-Amama obligèrent le général Lyautey à l'occupation de Raz el-Aïn, Béchar et à la canonnade de Guefait, elles ne l'empêchèrent pas de se présenter en ami aux tribus indociles et de leur dire : « Je viens à vous pour vous aider à sortir de la situation misérable dans laquelle vous vous trouvez. Quand vous aurez de mauvaises récoltes, quand vous serez maltraités, adressez-vous à moi, je viendrai vous soutenir. Vous avez besoin de charrues ? Les voici. Vous avez besoin de vous instruire ? Voici des écoles. »[1] Il faut savoir montrer et faire craindre sa force, mais n'y recourir qu'au cas de nécessité reconnue.

[1] Discours de M. Étienne (Séances de la Chambre des députés du 8 novembre 1904).

Partout nos administrateurs et nos officiers commencent à s'imprégner de ces méthodes fécondes.

Aux jours de fête, les représentants de la France n'hésitent pas à se mêler dans les mosquées à ceux du Prophète. Récemment, une mission de l'empereur du Maroc était reçue à Alger avec les plus grands honneurs et — fait important qui frappera certainement les populations indigènes par sa tendance à uniformiser, grâce à notre influence, les rites religieux — le gouverneur général s'entendait avec le chef de cette mission pour que dorénavant le Ramadan commençât à la même date au Maroc et en Algérie.

On semble aussi de plus en plus s'appliquer à ne pas heurter les indigènes par un contact et une administration directs et à chercher dans les chefs naturels du pays ou dans les marabouts ces « intertermédiaires » dont Bonaparte proclamait la nécessité « pour se faire comprendre de ces peuples. »

Ce sont là les procédés dont nous devons développer et généraliser l'application dans nos possessions africaines, pour arriver à en faire, au point de vue moral et sous notre égide, un seul bloc, comme elles en forment déjà un au point de vue territorial.

Nous aurions intérêt, dans ce but, à confier la direction *spirituelle* de cet Empire à des sortes de *califes*, indépendants de Constantinople et choisis par nous avec soin parmi les « saints hommes » auxquels la vénération des indigènes et quelques pèlerinages à la Mecque donnent déjà une espèce d'investiture morale.

Ces califes, suffisamment pourvus d'honneurs et entourés d'un état-major de cheiks, de muphtis et d'ulémas, seraient pour nous « le premier cadi d'Égypte » dont Bonaparte jouait si merveilleusement. Ils seraient à la fois nos *directeurs des âmes musulmanes et nos intermédiaires avec La Mecque.* En nous ouvrant ces deux accès, si intimement liés l'un à l'autre, du mahométisme, ils nous permettraient d'y entrer peu à peu en maîtres et de donner à notre politique, dont ils seraient en même temps les instruments et les interprètes, une apparence et des formes *de politique entièrement musulmane.*

La France a conçu autrefois, sur les bords du Nil, de grandioses projets de groupement musulman qui devaient lui assurer l'empire de l'Afrique. Elle a aujourd'hui à sa disposition des territoires assez vastes, une influence assez assise, une expérience assez profonde, un ensemble de moyens assez puissants pour reprendre ces projets et en assurer le fécond développement.

SOUDAN FRANÇAIS, MAROC ET ALGÉRIE

I

Les dernières années qui viennent de s'écouler ont marqué et précisé la zone d'action de la France dans le Nord-Ouest de l'Afrique.

Les accords franco-anglais de 1890, de 1898, du 21 mars 1899 et du 8 avril 1904, complétés par les conventions franco-espagnoles de 1900 et de 1904, ont déterminé les limites de cette zone au sud vers le Bas-Niger et les territoires Haoussas, à l'est dans la région du Tchad, du Haut-Oubanghi et de l'hinterland de la Tripolitaine, à l'ouest sur la côte du Maroc et du Rio de Oro.

La situation se trouve ainsi fixée au point de vue *diplomatique* et notre influence peut s'exercer sur les territoires qui nous sont acquis, sans avoir à craindre, de la part de quelque autre puissance européenne, des compétitions ou des prétentions qui puissent se légitimer.

La zone dont nous disposons a une étendue si considérable qu'il n'est pas inutile d'en marquer l'immensité : de l'est à l'ouest, comme du nord au sud, elle mesure environ 42 degrés, soit de 4,500 à 4,700 kilomètres [1]. Enserrée sur la Méditerranée entre la Tripolitaine, dernière possession de la Turquie en Afrique, et le Maroc, où notre pénétration ne fait encore que s'ébaucher, elle s'allonge et s'élargit au sud : d'abord vers l'ouest, en gagnant le cap Blanc et Dakar par les salines de la Sebkha d'Idjil, — « de la rive extérieure desquelles la frontière espagnole du Rio de Oro se tiendra à une distance d'au moins 20 kilomètres [2] » ; ensuite vers l'est, en limitant à hauteur de Ghat et Tummo l'hinterland possible de la Tripolitaine, puis en englobant dans ses limites le Tibesti, le Borkou et l'Ouadaï. Sur la ligne Dakar-lac Tchad, suivant le 15° parallèle nord environ, elle présente sa plus grande largeur ; à partir de là, elle descend en de larges échancrures, Guinée, Côte d'Ivoire, Dahomey, Congo, sur l'Atlantique et le golfe de Guinée, enfermant et endiguant la Guinée portugaise, la République de Libéria, le Togo et le Cameroun allemands, les colonies anglaises de Gambie, Sierra-Leone, Côte d'Or, Nigeria.

[1] De Bizerte à Saint-Louis du Sénégal, la distance est celle de Paris aux Monts Ourals ; d'Oran au lac Tchad, elle est celle de Paris à Sébastopol (Onésime Reclus).

[2] Convention franco-espagnole du 27 juin 1900.

C'est sur les rives orientales du Tchad, dans l'Ouadaï et le Kanem, que les diverses possessions françaises — groupes du nord, de l'ouest et du sud — entre lesquelles se divise cette immense étendue, viennent se réunir pour former un tout, « un bloc », un colossal empire africain.

Cette simple constatation suffirait pour justifier, dans le cas actuel, la politique coloniale française du reproche d'opérer sans suite, sans persévérance ; mais, si l'on est d'un naturel sceptique ou prévenu et que l'on veuille « toucher pour croire », on assoira facilement sa conviction en feuilletant les annales de la conquête française dans l'Ouest africain. Que l'on y suive soit le développement d'abord laborieux de l'Algérie ou du Sénégal, soit l'expansion plus rapide et plus récente de nos colonies des Rivières du Sud et du Congo, partout on trouvera cette idée dominante, cette pensée directrice de tous nos efforts : pousser vers le Tchad, vers le Centre africain. La gloire d'avoir posé les premières bases de cette politique revient tout entière au grand Faidherbe, qui, dès 1864, alors que nos établissements sur la Côte des Graines, la Côte d'Ivoire et celle des Esclaves étaient rudimentaires, eut une sorte de prescience de l'avenir et, dans les instructions qu'il donna alors au lieutenant de vaisseau Mage, envoyé en mission à Ségou, auprès du sultan Ahmadou, traça, en quelques mots, les grandes lignes de notre mouvement vers l'est : « Votre but, écrivait-il à Mage, est d'explorer la ligne qui joint les établissements du Haut-Sénégal avec le Haut-Niger et spécialement avec Bammako, qui paraît le point le plus rapproché en aval duquel le Niger ne présente peut-être plus d'obstacles sérieux à la navigation. »

La ligne Sénégal-Niger ! donc la marche vers l'attirante Tombouctou et plus tard, comme une suite logique, la poussée vers cette non moins attirante région du Tchad, que les imaginations montraient déjà comme une sorte de mer intérieure, aux rives fertiles, couvertes de miraculeux champs de coton ! Alors, de tous les points de nos possessions, nos explorateurs se ruèrent à cette passionnante conquête : de l'ouest partirent les premiers efforts, et les cartes d'il y a vingt ans montrent, au milieu des inconnus africains, un mince cordon de postes qui court sur les rives du Sénégal et s'allonge vers le Niger. Mais, dès que les colonnes des Archinard, des Combes, des Gallieni, des Borgnis-Desbordes, lancées dans le Soudan, nous y eurent donné un peu d'air, le mouvement d'exploration se généralisa, soutenu par le gouvernement, encouragé par les associations privées. Dès août 1887, le commandant Caron amène la canonnière *le Niger* à Koriomé, devant Tombouctou ; puis ce sont les missions successives, véritables raids au milieu du continent noir, de Binger, Crozat, Monteil, Hourst, Brazza, Crampel, Mizon, Maistre, Toutée et tant d'autres, que vient couronner, comme étant la consécration et la résultante de tous les efforts faits, la réunion sur le Chari, le 21 avril 1900, des trois grandes expéditions parties de l'Algérie, du Soudan et du Congo : missions Foureau-Lamy, Afrique centrale et Gentil.

Ce 21 avril, les rêves qu'avait pu former Faidherbe, semblaient plus que réalisés ; ils l'étaient en ce qui concerne la marche vers l'est ; mais, nous n'avions pu qu'incomplètement remplir la partie du programme relative au Niger. Le glorieux précurseur de la création de notre puissance dans ces régions ne paraissait prévoir en 1864 que les obstacles naturels à la navigabilité du grand fleuve, en aval de Bammako ; d'autres se sont dressés depuis ; en 1884, les deux Compagnies françaises, installées à l'embouchure du Niger, devaient vendre leurs comptoirs à la Compagnie anglaise, qui luttait contre elles depuis 1879 ; nous perdions de ce fait les riches et fertiles territoires de la partie inférieure du fleuve et la convention du 5 août 1890 ne faisait que consacrer et exagérer notre défaite, en nous rejetant au nord de la ligne Say-Barroua. Nos possessions atteignent bien aujourd'hui le Tchad, but de nos efforts, mais par des voies longues et détournées. La voie la plus directe et la plus pratique, « la grande route du Tchad, » la route fluviale Niger-Bénoué-Kabi-Toubouri-Logone, que vient d'ouvrir la brillante exploration du commandant Lenfant, court sur presque tout son trajet en territoire anglais ou allemand. Les traités, il est vrai, en laissent le libre accès à nos marchandises, qui « du milieu de juillet au milieu d'octobre pourront ne mettre ainsi que deux mois et demi environ de Bordeaux au Chari[1]. »

Tels sont, dans leur ensemble, les résultats de notre action dans l'Ouest africain, action qui se présente comme une épopée d'autant plus merveilleuse, que, si l'on en excepte les grandes opérations militaires de l'Algérie, de la Tunisie ou encore du Dahomey, elle ne fut conduite qu'à coups d'énergie avec des ressources et des moyens très restreints, sans autres contingents que ceux fournis par les troupes indigènes. Des territoires immenses qu'elle a donnés à la France, une partie seulement est effectivement occupée, l'autre reste encore à reconnaître et à organiser.

Dans la partie nord, les récentes opérations du Sud algérien ont poussé nos postes jusqu'aux oasis du Gourara, du Tidikelt et du Touat, à Igli, Timmimoun, In Salah. Dans la partie sud, nous occupons comme limite septentrionale de nos établissements du Sénégal et du Soudan, la ligne qui marque la transition entre les populations de race noire et celles de race blanche, entre les sédentaires et les nomades;

[1] *La mission du capitaine Lenfant* (Séance du comité de l'Afrique française du 25 mai 1904).

c'est d'abord le fleuve Sénégal, de Saint-Louis à Kayes-Médine, puis, le long du Sahel maure, le cordon de nos postes de Yélimané à Tombouctou par Nioro, Goumbou, Sokolo, Nampala, Néré et le Faguibine, ensuite, plus à l'est, la vallée du Niger par Bamba, Gao, Say, enfin, sur la route du Tchad, la région de Zinder.

De ces deux lignes — extrême Sud algérien et Nord soudanais — à la mer Méditerranée d'une part et à l'océan Atlantique de l'autre, nous sommes les maîtres incontestés ; nous connaissons les ressources, les populations du pays ; nous administrons, organisons et civilisons.

Dans tout l'espace — considéré naguère encore comme entièrement désertique — qui s'étend entre nos zones d'occupation effective et dont les points extrêmes sont distants du nord au sud de près de 1.500 kilomètres et de l'est à l'ouest de plus de 4.500, dans toute cette immensité, que l'on appelait autrefois « Sahara ou Grand Désert », le voile impénétrable qui recouvrait cet inconnu vient à peine d'être déchiré.

Ce furent d'abord des coups de sonde audacieux comme ceux du lieutenant Palat et du colonel Flatters, puis un long et méticuleux travail de rassemblement de renseignements sur les tribus qui nomadisent dans ces steppes, sur leurs mœurs, leurs besoins et leurs ressources, et enfin le magnifique raid de la mission Foureau-Lamy traçant son glorieux sillon de Témassinin à l'Aïr et Zinder.

A la suite de cette mission, de nos oasis sahariennes et de nos postes du Niger progressent peu à peu nos reconnaissances et nos colonnes légères. En mars 1902, le lieutenant Cottenest se jette d'In-Salah à la poursuite d'un rezzou qui a pillé des indigènes du Tidikelt; il inflige, à Tit, un sanglant échec aux Touareg Hoggar et fait le tour du massif de ce nom; sa troupe ne comprenait que 130 hommes environ, dont 40 moghazeni chamba et le reste tiré des tribus de l'est du Tidikelt. Le 1er octobre de la même année, le lieutenant Guillo Lohan, parti également d'In Salah à la tête d'un contre-rezzou de 170 indigènes, — fantassins, méharistes et cavaliers — fait une reconnaissance détaillée du même massif des Hoggar. En mai 1903, le commandant Laperrine, M. Gautier, chargé de mission, le lieutenant Pichon et 50 méharistes se rendent sans coup férir d'In Salah à In Zize par le Mouydir. En janvier et juin de la même année, ce sont les raids du lieutenant Besset vers l'est et le raccordement d'In Salah avec les itinéraires Flatters et Foureau-Lamy; en juillet les opérations de police du même officier et du capitaine Pein chez les Azgueurs de l'ouest de Ghat.

Toute la région en bordure méridionale de nos oasis du Tidikelt, c'est-à-dire le Tassili des Azdjer, les plâteaux de l'Ifetessen et du Mouydir et le massif des Hoggar, qui forme leur avancée vers le sud, était donc reconnue. « Le Sahara nous était ouvert. » Un dernier effort devait nous mener jusqu'au Niger; il fut réalisé au début de 1904. La mission du capitaine Théveniaut, partie de Tombouctou le 1er février de cette année, traversa l'Adrar nigritien et rencontra le 18 avril à Timiaouine — point situé à 150 kilomètres sud de Timissao — le commandant Laperrine venu d'In Zize avec 70 méharistes. « Après cette rencontre, les deux détachements se séparèrent et revinrent à leurs points de départ. »

Ainsi se trouve démontrée la possibilité de jonction, même avec de faibles détachements, de l'Algérie au Soudan, suivant la ligne générale, Mouydir, Timissao, Adrar nigritien, et en même temps se résolvait peu à peu la question touareg.

Aux oasis sahariennes, la soumission des Hoggar succédait à celle des Kel-Ahnet. A Tombouctou et à Zinder, les Kountas, les Aoullimmiden, les Kel-Ouï et les Kel-Gheress venaient à résipiscence. « Il n'y a plus que la mince tribu des Ifadaïen qui ne soit pas domptée : c'est une poussière touareg qui vole à tous les vents comme les Chambba de Bou-Amama[1]. »

Pour qui connaît les nomades sahariens ces soumissions ne veulent pas dire que nous sommes désor-

[1] Bulletin du comité de l'Afrique française (mars 1904).

mais dispensés de veiller, que notre autorité est établie et incontestablement reconnue dans ces immenses régions et, que dorénavant, les caravanes peuvent y circuler librement et sans danger. Nos apparitions nécessairement rapides et temporaires, les leçons mêmes que nous avons dû infliger n'ont certes pas produit d'un coup des résultats aussi complets et aussi durables ; notre influence reste forcément encore précaire.

Avons-nous intérêt à la faire sentir d'une façon plus effective? Devons-nous alors nous limiter à la zone est, que nous avons abordée et qui ne forme qu'une partie de l'énorme quadrilatère de l'ancien Sahara ou faut-il étendre notre action plus à l'ouest jusqu'à la côte de l'Atlantique, dans les espaces entre le Sénégal et le cap Juby ? Pouvons-nous ainsi aider à notre pénétration au Maroc ?

Au premier abord, à se rappeler les évolutions successives de notre prise de possession de l'Ouest africain et à ne considérer que le développement théorique — et logique — du plan d'ensemble que nous avons exposé, on est tenté de voir là une nécessité qui s'impose à nous, la dernière phase, si l'on veut, de la constitution du « bloc » que doit être notre Empire africain. Mais lorsqu'il s'agit d'opérations aussi longues, aussi ardues, aussi pleines de difficultés que celles qui nous occupent, ce n'est pas assez, pour se décider à agir, de raisons qui visent l'apparente harmonie d'un empire et satisfont à l'esthétique ; il faut savoir, si à côté il existe des raisons réelles d'ordre pratique — commerciales ou politiques — et examiner alors avec quels moyens, dans quelles conditions et dans quelles proportions on pourra utilement atteindre le but cherché.

II

Ce serait une grave erreur de se représenter l'Ouest africain comme uniforme et presque toujours semblable à lui-même.

Il est vrai que, si l'on en excepte quelques régions comme celles de l'Algérie, du Fouta-Djallon, de l'hinterland de Libéria, ou encore du pays de Kong, il a à peu près partout l'aspect d'une surface plane que coupent de rares et peu accentués mouvements de terrain ; il est vrai que, dans le voisinage de l'équateur et dans toute la zone côtière de nos colonies du Dahomey, de la Côte d'Ivoire et de la Guinée, les pluies dominent, et que la température, sans être pourtant très élevée, est lourde, humide, difficile à supporter pour l'Européen, tandis qu'en avançant dans l'intérieur du Soudan, on voit le thermomètre monter, l'équilibre s'établir entre la saison sèche et la saison des pluies, l'humidité s'atténuer ; il est vrai encore qu'au centre même de nos possessions, la région dite

« du Sahara » constitue un foyer géant de chaleur et de sécheresse, dont l'influence se fait sentir dans toutes les zones avoisinantes, sur des centaines de kilomètres ; il est exact que là les pluies sont rares, les marigots ou les mares le plus souvent à sec, les horizons dénudés et infinis.

On peut également dire que dans la région équatoriale la végétation est luxuriante, faite tantôt d'immenses et impénétrables forêts, aux bois souvent précieux, tantôt de lianes, d'arbustes ou de plantes, dont les produits, caoutchouc, huile de palme, bananes, kolas, pour ne citer que les plus connus, se prêtent à une exploitation rémunératrice. On peut constater que cette végétation va se régularisant au fur et à mesure que l'on s'élève vers le nord ; qu'elle offre alors des terrains de culture de céréales, de pâturages et d'élevage d'abord magnifiques, puis de plus en plus maigres ; qu'ensuite, aux approches du désert, elle se transforme en une brousse âpre et épineuse, et qu'enfin tout va finir et disparaître dans les sables. On peut ajouter à ces données que la race noire autochtone ne se rencontre plus guère, en installations fixes, au delà du 17e parallèle nord. Mais ce ne sont là que des renseignements généraux, qu'il ne faut pas admettre comme absolus et que viennent modifier, dans telle ou telle des zones considérées, quelques circonstances de détail, dues ici à la nature particulière du sol, là à l'influence d'un léger mouvement de terrain, à la présence d'un fleuve, d'une mare, d'un marigot, quelquefois même à l'effort de l'homme.

Aussi, doit-on se défendre de regarder comme un même immense désert de sable tout l'espace qui va d'In Salah et de l'oued Noun au Sénégal et au Niger et du cap Blanc au Borkou.

Le sable proprement dit, celui où ne se hasardent guère les caravanes, le véritable « pays de la soif » que l'on ne pourrait avoir l'espoir d'apaiser, semble s'étendre suivant une sorte de vaste triangle qui aurait son sommet vers Igli et dont les côtés descendraient au sud, l'un vers l'ouest, parallèlement à la côte de l'Atlantique, sur la région d'Idjil, l'autre vers l'est presque droit sur Taoudeni-Tombouctou ; sa base s'appuierait au sud sur Araouan, Oualata, Tichit, Chingueti, à la limite septentrionale de l'Adrar mauritanien, du Tagant, du el Hodh et de l'Azaouad, c'est-à-dire de cette région appelée *Sahel* [1] où nomadisent les Maures.

C'est cette masse désertique qui porte communément les noms d' « Iguidi, Désert de Ouaran, Désert el-Djouf, Erg ech-Chech » ; c'est sur ses flancs et vers le 23e parallèle nord que sont situées ces mines de sel naturel, dont les produits approvisionnent le Soudan : sur le flanc ouest, celles de la Sebkha d'Idjil ou Sebkha et-Khandara (grand lac salé

[1] Mot qui signifie « bordure ». Le « Sahel » maure forme la bordure sud du désert.

bleu); sur le flanc Est, celles dites « de Taoudeni », bien qu'elles soient situées à un grand jour de marche au nord de ce village, en un point qui sert de lieu de ralliement aux caravanes et que l'on nomme : Taraze, c'est-à-dire : eau saumâtre.

Dans ces sables, une seule coupure à peu près connue, celle de la piste qui court dans leur partie nord-est et qui mène de l'oued Noun et de l'oued Draa (Sud marocain) à Tombouctou par l'el-Eglab, Taoudeni, Araouan, piste que suivit, en 1828, René Caillié, mais si dépourvue d'eau sur sa plus grande partie et si dure, si difficile avec ses dunes mouvantes qu'elle n'est que rarement parcourue par des caravanes un peu importantes.

Les vraies pistes, celles ordinairement fréquentées, sont en dehors de ce vaste espace de désolation, à l'ouest ou à l'est, dans ces terres que l'ironie anglaise a qualifiées de « légères » après que la possession nous en eût été reconnue, mais qui sont loin d'être uniquement et partout des sables.

A l'ouest, dans la région d'Idjil, entre les zones désertiques de l'Iguidi et du Rio de Oro, s'allonge une sorte de couloir, que la convention franco-espagnole du 27 juin 1900 nous a heureusement réservé en partie. Dans ce couloir, qui ouvre entre le Sud marocain, l'Adrar mauritanien, le Sahel maure et le Sénégal une communication directe, circulent de nombreuses caravanes ; elles partent généralement de Mogador, du cap Juby, de Glémi sur l'oued Noun ou, plus au sud, de Tindouf, après s'être chargées, en ces divers points, d'orge, de blé, d'étoffes, de tapis, de bimbeloteries, d'ouvrages de cuir, d'armes et de poudre, traversent les régions relativement cultivées de l'oued Saghiet el-Hamra et, jusque-là, trouvent ordinairement de l'eau en toutes saisons. Au sud de cet oued, les grosses difficultés commencent pour ne finir qu'à l'entrée dans l'Adrar ; deux pistes s'offrent aux caravanes : la première, qui n'est entièrement pourvue d'eau que de novembre en mars, court droit au sud, dans la zone française, par les dunes sablonneuses de Zemour et les salines de la Sebkha d'Idjil, sur Chingueti, d'où l'on peut gagner Tichit, le Sénégal ou le Sahel maure par plusieurs itinéraires ; la seconde, dont la plus grande partie semble être en territoire espagnol, est plus longue, mais ne comprend, en aucune saison, d'étapes de plus de quatre jours sans eau ; elle passe à l'ouest de la précédente, franchit les mamelons rocheux de Tisnik, les sables de l'Akchar, et aboutit à Atar, d'où l'on atteint facilement les mêmes points que par la première [1].

[1] Ces renseignements ont été recueillis par l'auteur, dans le Sahel maure ou à l'entrée de l'Adrar mauritanien, auprès des chefs de tribus et des conducteurs de caravanes, et lui ont été confirmés par l'interprète qui lui était attaché et qui pendant sept années avait nomadisé avec les Maures de l'O. Noun au Sénégal et à Tombouctou.

En suivant ces pistes, les caravanes ont eu à traverser les territoires de parcours des Maures : Tadjakant du Sud marocain, Reghibat du cap Juby et du Saghiet el-Hamra, tribus composées en grande partie de pasteurs, de commerçants et d'agriculteurs se livrant à la culture de ces terrains, là où ils ne sont pas dépourvus d'eau, ou trafiquant des objets importés au cap Juby; Kountas de la région d'Idjil, dont quelques-uns gardent et exploitent les mines de sel où ils ont des installations fixes, villages rudimentaires faits de quelques cases grossières en terre battue, mais rendus importants par leur situation même dans ce pays désolé. Plus au sud, une fois cette zone sablonneuse passée, en débouchant dans les riches oasis de l'Adrar mauritanien, où réapparaît l'eau en quantité suffisante, où croissent le blé, l'orge, les dattes et où se trouvent d'assez nombreux centres de sédentaires, à Chingueti, Ouadan, Atar, Ouadi, el-Kédim, les caravanes ont eu affaire aux Maures dits « de l'Adrar », descendants des Berbères Zénaga ainsi qu'aux Doualits et aux el-Ouadan, qui colportent le sel d'Idjil sous le contrôle des Kountas.

Généralement, les caravanes venant du Sud marocain ne poussent pas jusqu'au Sénégal ou au Soudan français, bien que Chingueti ne soit qu'à une vingtaine de jours de marche de Saint-Louis et à même distance de Nioro. Celles qui n'ont pas troqué leur chargement, dans la région d'Idjil, contre du sel, s'arrêtent dans les centres de l'Adrar mauritanien ou gagnent, plus à l'est, Tichit et Oualata; en ces points, elles trouvent les produits d'échange que d'autres caravanes, marchant en sens inverse, sont venues chercher sur nos territoires, mil, étoffes de guinée, tabac, livrés par les indigènes contre des bestiaux, de la gomme, du sel, des plumes d'autruches; à ces produits, il fallait ajouter, avant notre installation dans le Soudan, — et ce n'était pas là l'un des moindres objets de commerce — les captifs et captives enlevés par les Maures dans les villages noirs ou vendus par les trafiquants, ces tyrans qui opprimaient et dévastaient ces malheureux pays.

Ces centres de Oualata, Tichit, Chingueti, Ouadan, Atar et, à l'est, celui d'Araouan, situé au débouché sur Tombouctou de la piste René Caillié, sont donc des « marchés d'échange » qui jouent un rôle considérable dans la vie des tribus maures ainsi que dans le mouvement des caravanes et dont l'importance est d'autant plus considérable qu'en dehors d'eux il n'existe, en ces régions, guère d'autres centres habités par des populations stables.

Au nord de cette ligne Chingueti-Araouan, c'est la masse isolante des déserts de sable difficilement pénétrables aux caravanes; au sud, jusqu'au cordon de nos postes échelonnés du Sénégal à Nioro et Tombouctou, ce sont les steppes herbeux du Sahel, steppes désséchés, sans autre eau que celle des puits et des mares, sans autres habitants que les nomades maures, et qui n'offrent de débouchés qu'à leurs deux extrémités, dans le couloir de l'Adrar mauritanien d'une part, et de l'autre, vers Araouan-Tombouctou, dans les immenses terrains de parcours des Touareg.

Les tribus maures qui vivent dans les steppes du Sahel avec leurs troupeaux, sont en contact immédiat et en rapports journaliers avec nos établissements du Sénégal et du Soudan; leurs zones de parcours, bien que n'étant pas délimitées, restent par tradition toujours à peu près les mêmes pour chaque tribu ou groupe de tribus. On trouve ordinairement les Trarzas et les Braknas, dans les plaines de la rive droite du Sénégal, au sud de l'Adrar, de Saint-Louis à Matam; les Douaïchs, les Sidi-Mahmouds, les Souakeurs, une partie des Kountas dans « le Tagant », région dont Tichit est le centre principal; les Oulad-M'Barks, les Oulad-Nacers, les Oulad-Mahmouds dans « le el-Hodh », vaste plateau dont Oualata, Nema et Téréné marquent les seuls lieux habités. A la lisière méridionale du el-Hodh, à trois jours de marche environ au nord de Nioro, se développe, sur une longeur et une profondeur d'une centaine de kilomètres, la forêt de gommiers du « Chamere »; les Maures en exploitent les produits et semblent les préserver de toutes déprédations, à en croire du moins la légende, qui donne ces forêts comme des lieux sacrés et punit de mort quiconque se permet d'en casser une branche. Plus loin vers l'est, ce sont les Oulad-Allouchs, dont une de nos colonnes a dû aller détruire le repaire de Bassikounou; à l'ouest de ce village s'étend une seconde forêt de gommiers, moins importante que celle du « Chamere »; plus loin encore, à la sortie du Sahel et en contact avec les Touareg, on rencontre les Bérabichs, qui nomadisent dans « l'Azaouad », pays d'aspect désertique, couvert de forêts de mimosiers, entre les mines de sel de Taoudeni au nord, el-Mabrouk à l'est, el-Akela à l'ouest, Tombouctou au sud.

Araouan, point d'eau très riche, où s'élèvent quelque deux cents cases en terre battue, marque à peu près le centre de l'Azaouad; il n'est pas à plus de huit jours de marche de Tombouctou; le général Perreaux, commandant supérieur des troupes, vient très heureusement d'en décider l'occupation pacifique et y a établi un poste de 70 hommes (août 1904). La rareté des lieux habités dans ces régions de nomades fait d'Araouan un point des plus importants; à Chingueti et Atar, on tenait l'Adrar mauritanien et par conséquent on était maître de l'entrée ouest du Sahel maure et des pistes d'accès vers le Sud marocain ou les mines de sel d'Idjil; ici, au point de jonction des directions qui seules permettent de longer le sud du désert par Oualata et Tichit ou de gagner Tindouf par la piste de Taoudeni, on est maître de l'entrée est du même Sahel maure, on a la haute main sur les caravanes qui veulent remonter droit sur le Sud marocain ou sur les mines de Taoudéni ; la situation est analogue à celle que peut offrir l'Adrar mauritanien, mais cependant moins exceptionnelle parce que les espaces immenses qui s'étendent plus à l'est ne font pas des directions qui s'élèvent vers le nord au sortir d'Araouan des pistes uniques, endiguées par les sables en des tracés fixes et presques obligatoires.

A ce rapide tableau, il faudrait ajouter, pour être complet : les groupes, sous-groupes en nombre infini, souvent rivaux et ennemis, entre lesquels se partagent les tribus maures ; les petites tribus, qui gravitent autour des grandes et sont leurs tributaires ou leurs vassales ; celles qui tendent à devenir sédentaires, à s'installer sur notre territoire, où elles payent l'impôt, comme les indigènes ; de ce nombre sont une partie des M'Barks, des Kountas, des Tanouazits et les Maures, nommés Romans ou Arramans, restes des Marocains qui, en l'an 999 de l'hégire, vinrent occuper Tombouctou et qui actuellement forment à Djenné, Karounga, Tombouctou des agglomérations de cultivateurs et d'artisans. Il faudrait distinguer dans les tribus les différentes castes de nobles, guerriers, marabouts, commerçants, montrer leur organisation à peine ébauchée, leur administration par un chef assisté quelquefois d'une « djemmaa » (assemblée de notables) et insister surtout sur ce qu'a de nominal l'autorité de ce chef, dont les décisions sont loin d'être toujours exécutées.

Bien que toutes divisées en catégories, ayant chacune un rôle distinct, certaines tribus s'adonnent plus spécialement dans leur ensemble à telles ou telles occupations. C'est ainsi que d'une façon générale, les Oulad-Mahmouds, les Sidi-Mahmouds, les Hammonats, les Allouchs, se livrent assez volontiers au commerce, à l'élevage de troupeaux, tandis que les Bérabichs, les M'Barks, les Kountas sont plus particulièrement colporteurs et que les Lacknals, les Tanouazits et surtout les Talib-Moctar constituent des groupes maraboutiques, qui s'occupent de religion, d'éducation des enfants et dont l'influence sur les nomades est parfois considérable. Mais tous, sans exception, sont peu dignes de foi, très intrigants, facilement achetables, d'un fanatisme musulman de surface et ont pour le pillage un goût prononcé. A ce dernier point de vue, on peut dire que les Oulad-Nacers et les Souakeurs tiennent hardiment la tête.

Autrefois, avant notre arrivée au Soudan, aucun Maure ne savait résister au désir de tenter un mauvais coup aux villages noirs frontières, que l'arrivée de quelques nomades suffisait pour terroriser et livrer à merci. Actuellement, les caravanes qui s'engagent parmi les Maures sont frappées d'une sorte de droit de passage de tribu en tribu et encore ne sont-elles pas certaines de n'être pas complètement dévalisées ; peu d'années se passent sans que les Maures sédentaires de Oualata, Tichit ou de quelque autre des rares centres de ces régions ne soient attaqués par des bandes de coreligionnaires, qu'attire invinciblement l'appât du butin et qui ne respectent guère plus les biens des disciples du Prophète que ceux des fétichistes ou des chrétiens.

Aussi le commerce auquel se livrent les Maures ne peut-il être et n'est-il effectivement que peu important. Ils trouvent bien sur leur sol, comme produits à exporter et à échanger, le sel des mines, la gomme des forêts, les dépouilles des autruches; ils font bien fabriquer par leurs femmes des ouvrages en cuir, des tapis assez intéressants et par leurs forgerons quelques bijoux en filigranes d'or; ils disposent bien aussi d'immenses troupeaux de gros et de petit bétail, de nombreux chameaux, de chevaux nerveux et énergiques, assez semblables de forme à ceux du sud de l'Algérie; mais ils limitent leurs efforts à ce qui est strictement nécessaire pour satisfaire aux besoins de leur existence matérielle, besoins éminemment simples : du mil pour manger; un peu de guinée pour se vêtir; des dépouilles de chameaux ou de la toile pour constituer des tentes; des « tiougouts », assemblages de peaux d'agneaux, et des « taras » de branchages pour se coucher; du tabac pour remplir le tube fait d'un os creux ou d'un bois dur que se passent successivement les notables et le chef de tribu. Par contre, leur attention s'éveille dès qu'il s'agit de leurs femmes qu'ils tiennent jalousement cachées aux yeux des infidèles ou lorsqu'on leur parle d'armes et poudre.

Ils ne semblent du reste pas, même dans les tribus composées d'agriculteurs ou de commerçants, avoir tenté la moindre chose pour exploiter d'une façon un peu plus active les produits naturels de leur sol, tels que la gomme ou le sel ; pour chercher, par exemple, à faire croître et à récolter une partie du mil qu'ils sont obligés d'acheter dans nos villages.

Le Tagant, le el-Hodh ne sont pas — c'est chose certaine — des pays d'agriculture ; mais dans la partie méridionale, tout au moins, les puits, les mares sont nombreux et pourvus d'eau pendant les quelques mois de la saison des pluies, de fin juillet à septembre environ ; il paraît hors de doute qu'en certains points, sur les terrains qui entourent les plus grandes des mares et qui sont périodiquement inondés, le mil croîtrait aussi facilement que sur la lisière nord de nos établissements du Soudan, dans ce que l'on appelle le « Sahel français », où l'eau est également très peu abondante, mais où la végétation est à certains moments si intense et si rapide, en des endroits judicieusement choisis, qu'ils sont en quelques semaines couverts d'une moisson assez rémunératrice. Les ruines de villages que l'on rencontre de temps à autre, lorsque l'on parcourt le Sahel maure, attestent que là ont habité des sédentaires, qu'ils ont pu y vivre, qu'ils y vivraient probablement encore si le Maure n'était venu, avec ses instincts de pillard et de voleur, transformer presque en un désert ce pays déjà si peu fortuné.

Peut-être faut-il admettre, pour rester entièrement juste, que, dans ces steppes désolés, les difficultés à surmonter ont contribué à rebuter les nomades, naturellement disposés par leurs traditions, leur orgueil, leur esprit de musulmans fatalistes, à s'abandonner au destin et à vivre d'une vie de « nobles gueux » cachant leur âpreté au gain, leur besoin de rapines, leur paresse derrière de grandes et fausses apparences de fierté et de suprême dédain. « Ta morale n'est pas la nôtre, ne cessait de nous répéter un de leurs chefs pour justifier ses larcins ; tu considères comme mal de piller ; nous, nous le trouvons bien ; nous ne faisons ainsi qu'exercer notre droit puisque nous sommes supérieurs aux Noirs et aux tribus ennemies que tu nous reproches de dépouiller. » On ne saurait, en tout cas, oublier que l'Adrar mauritanien, qui est aux mains de tribus maures de même origine, de même caractère, de même genre de vie, mais qui se trouve plus près de la mer, mieux arrosé et moins horriblement chaud, offre parfois le spectacle de cultures riches et soignées.

Lorsque l'on débouche du Sahel maure à l'est de la piste Tombouctou, Araouan, Taoudeni, on pénètre dans les immenses espaces qui séparent la boucle du Niger et la région Zinder-Tchad, du Touat, du Tidikelt et du Sud tripolitain ; on entre ainsi dans la zone où se croisent les communications entre le Maroc, l'Algérie, la Tunisie, la Tripolitaine d'une part et la partie centrale et orientale du Soudan français de l'autre.

Rappelons de suite, afin de limiter notre examen, que la piste Tombouctou, Taoudéni, Tindouf, el-Harib qui se développe à travers les sables du el-Djouf, du Erg ech-Chech et de l'Iguidi est essentiellement précaire ; disons que l'influence asséchante de la masse de ces sables est telle que ce n'est qu'en s'en éloignant vers l'est que l'on trouvera des communications peut-être plus faciles, plus fréquentées et encore est-il prudent de ne prendre ces termes qu'avec leur sens relatif.

C'est ainsi que, pour gagner le Niger en venant du Maroc, les caravanes peuvent suivre la piste qui longe la partie nord-est du désert par Igli, les oasis du Gourara et du Touat, passe par In Salah ou l'évite et, de là, se rabat, vers le sud-ouest, sur el-Mabrouk, par Ouallen ou In Zize ; il est bon d'observer que, par notre récent établissement sur la ligne Igli, Timmimoun, In Salah, nous tenons la partie nord de cette communication, dont l'importance est considérable, puisqu'elle semble être la seule qui, en partant du Maroc, contourne l'est du désert, et que, si on ne l'emploie pas, il faut soit se rejeter, à l'ouest vers le Saghiet et-Hamra, soit se résigner à s'engager dans la masse même des sables.

A el-Mabrouk, sur la limite de l'Azaouad, où aboutissent ces directions d'In Salah, Ouallen et In Zize viennent converger deux autres pistes, l'une qui mène à Ghadamès et à Tripoli par Timissao, Amguid, Temassinin, l'autre qui permet de gagner Ghat et Mourzouk par ce même Timissao et Idélès. Ce seul exposé suffit à montrer toute l'importance d'el-Mabrouk, qui n'est guère située qu'à quinze jours de marche de Tombouctou; dans ce village, sorte de capitale du pays situé entre l'Azaouad et l'Adrar nigritien, habite une population d'Arabes, de Maures et de Noirs, qui, dans ces dernières années, s'est montrée assez ferme et assez unie pour résister victorieusement aux attaques des Touareg Aoullimmiden.

Plus à l'est, est la piste que s'est glorieusement ouverte de Ouargla à Zinder la mission Foureau-Lamy par el-Biodh, Temassinin, Assiou et l'Aïr; plus à l'est encore, ce sont les immensités entre le Tchad et la Tripolitaine, les communications entre Barroua, Tummo, Mourzouk, les territoires du Tibesti, du Borkou, du Kanem, toutes régions actuellement peu connues, à peine pénétrées par l'Européen et qui, du reste, n'importent pas directement à nos conclusions, puisqu'elles sont, pour la plus grande partie, en dehors de la zone de liaison directe de nos possessions de la Méditerranée et de celles du golfe de Guinée.

Mais ici, beaucoup plus que dans le couloir d'Idjil,

où l'espace est plus mesuré, il faut se garder avec soin de considérer comme uniques les pistes de caravanes que l'on peut indiquer; ces pistes ne sont que des directions générales; à côté d'elles ou entre elles peuvent s'en trouver d'autres; aucune n'est, en réalité, plus spécialement tracée; chacune n'existe que par les puits, les mares qui la jalonnent, et les voies à suivre peuvent varier suivant la saison, suivant l'état de ces mares et de ces puits; ce sont eux et leur approvisionnement qui décident de la marche. « La mission, dit M. Foureau, atteint enfin In Azaoua, après avoir vainement demandé au célèbre puits d'Assiou l'aumône de quelques litres d'eau; ce puits est à sec et In Azaoua le remplace », et plus loin : « Le lendemain, à l'arrivée aux puits signalés, on ne trouve pas une goutte de liquide; ce n'est que beaucoup plus tard que, grâce aux ressources du guide et des Chambba dévoués qui m'accompagnaient depuis Ouargla, on découvre une réserve d'eau de pluie dans les anfractuosités de roches des collines d'Irhaïene. Pendant le séjour fait ici, on découvre d'autres mares du même genre; c'était enfin l'abondance. » Tout à sec, là où l'on pensait se désaltérer; de l'eau, là où l'on n'en signalait pas! Ainsi sont obligés de se modifier en partie les itinéraires prévus; ainsi apparaît la nécessité de connaître les points d'eau possibles et de compléter ce que l'on peut savoir du tracé des pistes des caravanes par tous les renseignements de détail ou d'ensemble concernant la nature, le sol et le sous-sol des zones à traverser.

Or, les reconnaissances récemment menées du Tidikelt dans le Mouydir et le massif des Hoggar, du Niger dans l'Adrar nigritien, et la rencontre — qui fut en quelque sorte leur conclusion — de l'algérien Laperrine et du soudanais Théveniaut, le 18 avril 1904 à Timiaouine, sur *la direction In Salah, Mouydir, In Zize, Timissao, Adrar nigritien,* ont montré que c'est dans cette zone, entre le groupe de pistes d'el-Mabrouk et celui de l'Aïr-Zinder, que se trouvent — comme terrain, eau et durée de trajet — réunies les conditions les plus favorables à la circulation des caravanes et à la jonction si longtemps cherchée de l'Algérie au Niger.

Les rapports des officiers qui ont exécuté ces raids hardis dans le Sahara, ne laissent aucun doute à ce sujet :

« Le Mouydir, écrit le lieutenant Voinot[1], est un bon terrain de parcours, susceptible d'avoir d'excellents pâturages quand l'automne est assez humide. Le bois y est abondant et quelques points d'eau permettent d'abreuver de très nombreux chameaux. Aussi le Mouydir est-il précieux pour la compagnie du Tidikelt, particulièrement comme pâturage d'hiver de son équipage. »

[1] Rapport de tournée du lieutenant Voinot de la Compagnie saharienne du Tidikelt (avril à août 1903).

Le lieutenant Besset est encore plus affirmatif[1] : « Partout dans le Mouydir, nous avons vu des ruines de maisons avec parfois des traces d'anciennes cultures, des medjebeds larges et bien conservés comme s'ils avaient été utilisés la veille, un nombre considérable de petits murs circulaires en pierres sèches... Ce sont bien là des preuves que le Mouydir fut autrefois habité. Les anciennes cultures datent du temps où la paix existait entre le Tidikelt et le Hoggar... Dans ce pays, chacun des hommes du Tidikelt trouverait l'emploi de ses doubles facultés de soldat et de cultivateur, suivi bientôt après, dans cette dernière voie, par la masse encore peureuse et hésitante, mais laborieuse, des gens d'In Salah. Là on trouvera l'eau, le bois, le pâturage et la terre cultivable qui manquent au Tidikelt..... Ces considérations militent assez en faveur d'une installation au Mouydir, sans qu'il soit besoin d'insister davantage... »

En ce qui concerne le massif des Hoggar, qui sert vers le sud-est d'avancée au Mouydir et qu'ont successivement reconnu les lieutenants Cottenest et Guillo Lohan les constatations sont tout aussi optimistes.

« D'In Salah à Arrem Tit, écrivait le lieutenant Cottenest[2] à la suite du combat qu'il livra en ce dernier point aux Hoggar, le chemin est étrangement

[1] Rapport du lieutenant Besset de la Compagnie du Tidikelt (1903).

[2] La reconnaissance du lieutenant Cottenest chez les Hoggar (*Bull. du Comité de l'Afrique française*, août 1902).

facile, puisque partout il suit un long reg solide n'ayant que des pentes à peine sensibles. Au sud d'Arrem Tit et dans la direction du Soudan, la route est encore plus commode, d'après ce qu'affirme un ancien cavalier du Tidikelt. »

Du reste, la reconnaissance relève dans le massif des Hoggar des centres de sédentaires, à Idélès, Tazerouk....., centres sans valeur, si on ne considère que le nombre de leurs habitants, mais d'une importance capitale si l'on remarque que l'on est en plein Sahara et qu'ils sont l'indice d'un pays où quelques installations fixes sont aisément possibles.

Le contre-rezzou exécuté en 1903 par le lieutenant Guillo Lohan confirme et complète ces renseignements[1]. Le village de Tit a quelques maisons en terre, qu'habitent des sédentaires; les cultures y sont assez belles ; sa position peut l'appeler un jour à jouer un rôle important. « Si l'on décidait une occupation temporaire ou définitive du Hoggar, dit le lieutenant Guillo Lohan, ce village de Tit serait le point tout désigné pour une installation. A la tête de l'oued Tit, il commande tous les centres habités de sa belle vallée; facilement accessible par le nord et par le sud, il est une étape de la grande route du Soudan par le Tassili et In Azaoua. »

[1] Un contre-rezzou au Hoggar. Rapport du lieutenant Guillo Lohan de la Compagnie du Tidikelt (*Publication du Comité de l'Afrique française*, 1903).

Plus au sud, dans la région qui touche au Niger, l'Adrar nigritien apparaît comme un pays de collines herbeuses et de vallées où l'on trouve de l'eau, quelquefois à la surface même du sol, mais toujours à une assez faible profondeur dans la couche souterraine; « la quantité d'eau relativement considérable qui imprègne les dépôts des ouadi de l'Adrar donne à la végétation une vigueur qui la rend équivalente à celle des terrains fertilisés par le Niger; la flore est du reste la même que sur les bords de ce fleuve[1] ». La population de l'Adrar est d'environ 6.000 habitants; les troupeaux comptent approximativement un millier de chameaux ou chamelles, 4 à 5.000 bœufs, 40.000 moutons ou chèvres. Quelques sédentaires sont installés à Tessalit, In Tabdouk, Kidal, Arascher, Teleya, « emplacements où l'on trouve aussi des cultures embryonnaires, jardinets de blé, oignons, tabac, melons, mil, ricin, coton[1]. »

A es-Souk, « l'importance des ruines dont beaucoup sont ensablées, indiquerait l'emplacement d'une ville considérable située, comme l'indique bien la géographie arabe, au midi d'une grande montagne (le Tachdaït) et au milieu des gorges et des vallées[2]. »

Les constatations faites par nos officiers — et qui se contrôlent les unes par les autres — ne laissent

[1] Rapport du capitaine Théveniaut sur sa mission dans l'Adrar (*Journal officiel du Sénégal*, du 10 septembre 1904).

[2] Rapport du capitaine The··niaut. *Loc. cit.*

donc aucun doute sur la direction la plus courte et la plus facile de liaison de l'Algérie au Soudan et pourtant c'est sur cette direction même du Mouydir et de l'Adrar nigritien, que jusqu'à ces derniers temps ont le moins circulé les caravanes sahariennes.

C'est que les caravanes sont obligées de ne pas limiter leurs préoccupations à celles de l'eau et du terrain. Elles se sont chargées, dans le nord, de produits analogues à ceux que nous avons vu transporter par le couloir d'Idjil : étoffes, armes, dattes, verroteries, etc.; elles viennent échanger ces produits soit en cours de route, soit dans les rares centres de sédentaires ou en certains points de ralliement, soit même à Tombouctou ou dans les villages du fleuve, contre des graines, de l'or, de l'ivoire, du sel, de la guinée, des peaux, de l'argent monnayé, et, lorsqu'elles le peuvent, des esclaves; l'important est de faire exécuter, dans un sens ou dans l'autre, la traversée du désert à leur chargement, sans qu'il leur soit partiellement ou même totalement enlevé.

Or, leurs plus dangereux ennemis furent toujours les Hoggar et surtout les Aoullimmiden, nommés aussi Oulimiden, tribu touareg qui compte environ 1.200 nobles, montés à cheval ou à chameau, de nombreux captifs, des vassaux, et possède vers Ansongo quelques villages sur le Niger. Ces Aoullimmiden peuvent être considérés comme le type des « grands nomades ». Leurs terrains de parcours sont immenses : leurs courses de pillards et de détrousseurs de caravanes les ont menés quelquefois jusqu'au Touat. En 1897-1898, un grand rezzou, dirigé par Abiddin le Kounti, « saint homme » étranger à leur tribu et à leur race, mais qui jouissait d'un prestige religieux considérable, les a jetés sur nous, vers Bamba, avec quelques bandes de Kountas et de Hoggar, momentanément leurs alliés. Abiddin, dont le courage était reconnu de tous, avait échoué et dû se replier dans l'Adrar nigritien ; on peut regarder cette région comme le centre même des territoires des Aoullimmiden.

Il faut ajouter que si les Aoullimmiden de l'ouest, c'est-à-dire ceux qui viennent au fleuve et y possèdent quelques villages, ont été de ce fait même amenés assez rapidement à une soumission relative, ceux du nord et de l'est, qui n'avaient pas les mêmes raisons pour demander l'aman, sont restés plus longtemps indépendants et, jusqu'en 1903, ont conservé vis-à-vis de nous une attitude nettement hostile ; ils n'avaient même pas craint d'essayer d'attaquer la colonne, que le colonel Péroz menait du Niger sur Zinder en suivant la ligne de démarcation qui limite au nord le territoire anglais de Sokoto (février-avril 1901) ; ils étaient alors restés sourds à toute offre de négociations et avaient été aidés dans leurs tentatives infructueuses de razzias par les Touareg Kel-Gheress, autres tribus de pillards qui nomadisent entre Zinder, Tessaoua, l'Adrar et Agadès.

On conçoit donc que les caravanes avaient intérêt à éviter la traversée de ces régions, terrains de parcours des Hoggar, des Aoullimmiden et des Kel-Gheress. Plutôt que de se mettre de propos délibéré dans « la gueule du loup », elles préféraient se rejeter vers l'ouest, dans la zone désertique, sur les pistes d'el-Mabrouk qu'elles pouvaient espérer suivre sans trop grands dangers, moyennant redevances payées aux tribus des Kountas et des Bérabichs de l'Azaouad ou des environs de Taoudeni. Mieux valaient les fatigues et les retards de longues courses sans eau que la certitude presque absolue d'être pillés et réduits en esclavage.

Ces habitudes de pillage furent de tout temps communes à la presque totalité des tribus touareg, et nous éprouvons parfois quelque peine à maintenir dans le respect du bien d'autrui celles mêmes qui vivent à l'abri de nos postes et de notre pavillon. Il est bon de dire que les Touareg, bien que menant une vie analogue à celle des Maures, leur sont supérieurs à différents points de vue. Comme les Maures, ils ont une organisation politique rudimentaire; leurs tribus ou fractions de tribus, souvent divisées par des luttes intestines, sont groupées sous l'autorité de chefs, qui n'ont généralement dans leurs attributions que l'exécution des décisions prises par les assemblées de notables; le pouvoir de ces chefs paraît être absolument nominal et M. Foureau, ainsi que le colonel

Klobb, ne manquent pas de le rappeler chaque fois qu'ils parlent de ces nomades.

Mais, si le Touareg pille les villages et dévalise les caravanes, il semble qu'il faille voir là comme une manifestation de son amour pour la guerre et le combat, de son dédain pour le travail manuel quel qu'il soit, agriculture ou commerce, et non comme un moyen de satisfaire son âpreté au gain. Le Maure pille pour prendre et posséder ; il attire lâchement les caravanes ou ses ennemis dans des embuscades et lâche son coup de fusil sans s'exposer au danger. Le Touareg cherche bien à surprendre son adversaire par des attaques au petit jour, mais il se jette bravement en avant, à l'arme blanche, qui est la seule dont il dispose généralement, et nombreux sont ceux d'entre eux qui ont émerveillé nos tirailleurs et nos officiers, en venant se faire tuer sur nos baïonnettes. Il n'a du reste ni la fourberie de partipris ni la cruauté du Maure; ses captifs, groupés en tribus, qui peu à peu peuvent devenir indépendantes, vivent assez heureux.

Le colonel Klobb, qui avait successivement commandé à Nioro et à Tombouctou et qui connaissait à fond les Maures et les Touareg, apportait à ce sujet, dans son rapport daté de Koulikoro, le 22 mars 1899, et publié par le *Bulletin du Comité de l'Afrique française*, une preuve des plus convaincantes : « Les captifs, disait-il, que nous avons enlevés aux chefs noirs auxquels nous avons fait la guerre au Soudan ont généralement été enchantés de leur nouveau sort; ceux que nous prenons aux Touareg, sauf de très rares exceptions, se sauvent et vont rejoindre leurs maîtres. » Qui s'étonnerait de la première partie de cette affirmation quand on sait que « ces chefs noirs » étaient les sanguinaires tyrans qui se nommaient : el-Hadj Omar, Amadou, Samory?

Le Touareg a aussi pour la dignité de la femme un respect que connaissent peu les Maures ; il admet ses compagnes aux délibérations des assemblées, et rien ne peut être plus caractéristique que ce fait chez des nomades, imbus tous des préceptes de la loi musulmane ! Si, du reste, il est un fervent disciple du Prophète, il ne paraît pas être fanatique ; mais sa naïveté innée en peut faire un instrument dangereux aux mains des marabouts.

Il semble que ce soit dans une sorte de fausse interprétation des sentiments élevés de noblesse et de grandeur, sentiments de race transmis d'âge en âge, mais déformés peu à peu sous l'influence des dures conditions de leur existence, qu'il faille chercher la raison des principaux actes des Touareg, grands seigneurs dégénérés qui pillent sans plus de façons qu'on en apporte au désert, comme d'autres coupaient les routes de France aux époques troublées du moyen âge ; il semble que ce soit là aussi que l'on doive trouver la source de la conception très nette qu'ils se font de l'honneur et de la nécessité de ne pas déroger, conception qu'indiquait le colonel Klobb, lorsqu'il disait, en parlant de Madidou, l'un des chefs des Aoullimmiden : « Madidou sait qu'il ne peut pas lutter contre les Français; il est obligé pour l'honneur et les traditions de sa race de se défendre contre l'envahisseur; s'il trouve une occasion favorable, il cherchera sans doute à livrer un combat, après lequel l'honneur sera sauf, et il pourra faire sa paix avec nous. » Mais, dans cette citation, il ne faut pas oublier ceci qui est capital : « Madidou sait qu'il ne peut pas lutter contre les Français » ; c'est, en effet, parce que nous avons donné aux Touareg de nombreuses et salutaires preuves de notre force, c'est parce que nous leur avons montré d'une façon indubitable et tangible que nous voulions et pouvions être les maîtres, aussi bien dans le Tidikelt, le Mouydir et le Hoggar que dans l'Adrar et sur les bords du Niger, c'est pour cela que, comme nous l'avons indiqué, la situation s'est modifiée dans cette importante région du Sahara, et qu'après une longue période de résistances et de luttes, toutes les grandes tribus se sont soumises; pour cela encore que le colonel Klobb a pu écrire, dans le rapport déjà cité, ces mots qui, certes, ne s'appliqueraient pas aux Maures : « Les Touareg sont incontestablement nobles et braves ; ils sont de mœurs simples, je dirais presque vertueuses... ils ne sont pas fanatiques musulmans... Rien ne s'oppose à ce que les

Touareg et les Français aient entre eux les relations les meilleures, sinon le fait de la conquête. Nos procédés pourront la faire oublier et, alors, de tous les peuples conquis en Afrique, Noirs ou Arabes, les Touareg seront les plus faciles à assimiler. »

Aussi, rien ne peut mieux compléter cette opinion et aider à laisser sans lacune l'idée que l'on doit se faire du tempérament touareg, que ces paroles de M. Foureau : « J'étais obligé de penser que pour traverser cette région fermée que ses habitants (les Touareg) veulent conserver vierge de toute pénétration et de tout contact, il était nécessaire de s'appuyer sur une force armée importante ; je restais pourtant persuadé que cette force il fallait seulement la posséder et que le voyageur n'aurait qu'exceptionnellement besoin de l'employer. »

Tels sont dans leur ensemble les caractères généraux des territoires ouverts à l'action française entre le Maroc, l'Algérie, le Sénégal et le Soudan ; tels sont les traits distinctifs des populations nomades qui vivent dans ces immenses espaces. Les bases que nous avons ainsi posées vont nous permettre d'examiner si nos intérêts commerciaux ou politiques exigent que nous prenions pied dans telles ou telles zones de ces infinies régions.

III

Que nous regardions à l'ouest ou à l'est de la masse sablonneuse de l'Ighidi et du el-Djouf, aucun terrain n'apparaît qui puisse, à proprement parler, être indiqué pour des exploitations agricoles. Ici ou là, sont bien des sortes d'oasis, des plaques plus ou moins étendues, des fonds d'oueds ou de mares, où l'on peut faire croître quelques céréales, mais dont le rendement serait absolument insuffisant pour couvrir les frais de ces exploitations.

Actuellement, les tribus ne se soucient nullement des questions d'irrigation, et leurs troupeaux se ressentent généralement de cette indifférence; si le nombre des bêtes qui les composent est considérable, leur aspect nerveux et desséché montre quelle maigre pitance leur offrent souvent les steppes herbeux où ils vivent, et encore doivent-ils, pendant la saison sèche, alors que le soleil ne leur laisse plus à brouter que quelques rares herbages ou l'écorce d'arbrisseaux étiques, descendre au sud chercher des pacages sur nos territoires, le long du Sénégal, du Niger ou aux alentours des lacs et mares. Faut-il ajouter que la partie médiane du Soudan français, entre le 8e et le 14e parallèle nord environ, regorgera, quand on le voudra, d'un superbe bétail que les plantureux pâturages des grandes vallées permettent de mettre et de maintenir en très belle forme ? Aussi, les troupeaux des Maures et des Touareg ne semblent pas pouvoir être considérés par l'Européen comme une richesse appréciable.

Mais, à défaut de terrains de culture ou d'élevage, on a quelquefois voulu voir dans ces régions des territoires, dont certaines ressources naturelles, telles que le sel, la gomme, les autruches, mériteraient une exploitation intensive.

On a fait observer que le sel des mines de la Sebkha d'Idjil ou de Taoudéni s'extrayait très facilement par larges dalles, presque sans frais; que, d'espèce peu friable, il se transportait non moins aisément d'un bout à l'autre du Soudan; que la barre de 25 ou 30 kilogrammes vendue sur place pour très peu de chose, — 5 barres environ pour une pièce d'étoffe, dite « guinée », — valait 15 ou 16 francs à Nioro, 25 à Sokolo, de 43 à 60, suivant les époques, à Ségou, Nyamina, Bammako, Siguiri ; on en a conclu que des Européens auraient intérêt à prendre ce commerce en mains, à en régulariser l'exploitation et le transport, à opérer des échanges entre les barres de sel, des pièces de guinée, de l'or de la Falémé ou du Bouré, et qu'ils seraient assurés de sérieux bénéfices. Il est évident qu'un tel trafic ne serait pas sans avantages pour qui l'entreprendrait, mais il ne semble pas qu'il puisse recevoir une grande extension et par conséquent justifier de sérieux efforts.

En effet, le rendement des mines est, contrairement à ce que l'on croit quelquefois, relativement limité. Dans les régions où elles se trouvent, la saison des pluies ne paraît pas durer plus d'une quarantaine de jours et, pendant ce temps, il ne pleut guère que 5 ou 6 fois; or, c'est à ce moment seulement que se reconstitue le sel que l'on peut extraire deux mois après la fin des pluies. Ce sel ne se reproduit donc pas en quantité indéfinie; les années où les pluies sont plus rares, il est lui-même moins abondant. En outre, le sel du désert commence à trouver un concurrent redoutable dans celui que l'on importe de France, en barres comprimées, par la voie Dakar, Sénégal; le marché dont disposaient autrefois les mines d'Idjil, de Taoudéni et de quelques autres lieux moins importants, marché qui comprenait l'ensemble du Soudan, où le sel avait la valeur d'une véritable monnaie, va se rétrécissant tous les jours et la création de la grande voie de communication Dakar-Kayes-Tombouctou ne fera qu'aider à cette évolution.

Le commerce de la gomme ne semble guère être d'un plus grand avenir, bien que, lui, ne puisse que gagner à l'ouverture de la voie ferrée Sénégal-Niger. La récolte en est faite très sommairement par les captifs des nomades; ils se bornent, au commencement et à la fin de la saison sèche, à faire tomber, au moyen de longues gaules munies de fers recourbés, les protubérances gommeuses qui se forment sur les branches des acacias; le transport en est fait, à dos de chameau, comme pour le sel, et la vente s'en effectue dans nos postes du Sahel ou dans nos escales du Sénégal. Il y a quelques années, le prix du kilogramme atteignait jusque 30 centimes à Nioro et 50 centimes à Médine; mais, depuis lors, il a très sensiblement baissé devant l'encombrement des marchés par les gommes du Soudan oriental et de la Haute-Égypte, qui, en ce qui concerne tout au moins celles de cette dernière provenance, possèdent, pour être amenées en Europe, des voies de communication beaucoup plus courtes et, par conséquent, moins onéreuses que celles dont peuvent — ou pourront — disposer nos gommes du Sahel.

Ce serait, en effet, une dangereuse illusion de considérer la valeur sur place d'un produit à exploiter; c'est au point où il doit être utilisé, c'est-à-dire sur les marchés d'Europe, — s'il ne peut être transformé et usagé là où on le récolte, — qu'il faut l'examiner. Or, ici intervient la question des voies de communication et surtout des difficultés et de la longueur de ces voies, qui influent au premier chef sur le prix de transport et, par conséquent, sur la valeur du produit une fois rendu à destination. Si la Guinée, la Côte d'Ivoire, le Dahomey et le Congo ont vu de 1889 à 1899 leurs échanges monter de 6 à 75 millions, si pendant le même laps de temps le Sénégal est passé de 38 à 73 millions, il ne faut pas oublier qu'il s'agit là de colonies côtières, où les produits se trouvent pour ainsi dire à quai d'embarquement, et il faut songer que si les arachides font la fortune du Sénégal, elles ne feraient pas celle d'une région située à 1.000 ou 1.500 kilomètres dans l'intérieur des terres; ce sont là des distances qui, dans les immensités du Soudan, ne sont pas chose exceptionnelle.

Des produits naturels du pays ne semblent donc mériter une attention sérieuse que s'ils sont soit utilisables dans le pays même, comme éléments de consommation, d'échange ou comme matière à transformer sur place, soit d'une valeur intrinsèque qui justifie les frais de transport, correspondant à leur éloignement. Le sel peut, sous les réserves que nous avons indiquées, être classé dans la première de ces catégories; la gomme des confins du désert ne semble que difficilement rentrer dans la seconde; on pourrait plus justement y classer les plumes des autruches, qui vivent dans ces steppes; mais ici encore il serait nécessaire de ne le faire qu'avec certaines restrictions.

Les nomades, en effet, — et tout particulièrement les Maures, dont l'âpreté au gain exclut toute autre idée — font aux autruches une guerre impitoyable; ils ne se préoccupent nullement d'assurer la conservation de l'espèce; non seulement ils massacrent les animaux pour se procurer et vendre leurs dépouilles, mais encore ils recherchent leurs œufs, dont ils font un grand commerce. On sait, en effet, que l'autruche, une fois sa ponte faite, enfouit ses œufs dans le sable, n'en laissant qu'un en dehors afin de marquer l'emplacement de sa future couvée; le Maure déterre et enlève le tout. Il en résulte que les autruches — si l'on n'y veille — sont appelées à disparaître prochainement. Heureusement, le gouvernement du Soudan français s'est ému de cette situation; il a créé des autrucheries à Karounga, près Gombou (Sahel français) et à Tombouctou; ces essais ont très bien réussi et prouvent, sans contestation possible, qu'il n'est pas utile de progresser au delà de la limite actuelle de notre occupation pour s'assurer les bénéfices certains d'un élevage raisonné.

Ainsi donc, pas ou peu de produits naturels, dont l'exploitation puisse offrir assez d'espérances pour justifier notre pénétration chez les Maures et les Touareg, sous réserve, bien entendu, qu'il n'existe point de richesses minéralogiques enfouies et cachées en quelques points de leurs territoires; la surprise de trouver de productifs filons n'est pas chose nouvelle dans la zone qui nous occupe; c'est ainsi que, sans parler de l'or, on signale vers le cap Juby des mines de plomb, dont on trouve des échantillons sur les marchés de Nioro et de Tombouctou; les « élégantes » Ouoloffs et Songoys de ces deux villes en usent pour donner au noir de leur peau, autour des yeux, plus de brillant et plus d'éclat.

Mais on peut parfaitement trouver insuffisantes, pour se jeter dans les difficultés d'une occupation de terrains immenses, des raisons aussi peu certaines que celles basées sur la recherche de richesses minières problématiques. On allègue alors, pour convaincre les hésitants, que l'on a intérêt à tenir les pistes de caravanes, à assurer la libre circulation de ces convois, à drainer ainsi, au profit de nos possessions de la Méditerranée, le commerce du Centre africain.

Or, si autrefois le trafic des caravanes avait une grosse importance, c'est d'abord parce qu'il était l'unique moyen dont disposaient les indigènes pour transporter du sud au nord, ou inversement, les produits d'échange; c'est aussi parce qu'il trouvait dans toute la zone du Soudan ce principal élément de commerce : les esclaves, vendus ou enlevés en masse, emmenés par longues bandes douloureuses, dans les steppes du désert ou jusqu'au Maroc, au Sud algérien et à la Tripolitaine.

Ces deux conditions de prospérité des caravanes n'existent plus aujourd'hui. Notre occupation du Sénégal, de la boucle du Niger, des territoires de Zinder et du Tchad, en mettant sous notre protection les populations noires, a supprimé l'odieuse traite ; grâce à nous, ces malheureux ne sont plus un vil bétail ; leur vie ne s'écoule plus dans une perpétuelle angoisse, en un calvaire que rien, pas même des affections de famille, ne pouvait venir adoucir. Des vestiges de l'ancienne barbarie, il ne subsiste plus au Soudan français que le captif « de case », sorte de domestique, qui reste attaché à la même famille, sans pouvoir être ni vendu, ni maltraité, ni séparé des siens.

Cette même occupation a ouvert vers la côte de l'Atlantique et du golfe de Guinée des communications plus rapides, moins pénibles et moins aléatoires que celles offertes par ces « pistes terribles », où tout est obstacle et souffrance. Sous ce rapport, les faits parlent d'eux-mêmes : les commerçants indigènes de Nioro préfèrent la voie de Kayes, du Sénégal et de l'océan à celles qui vont au Maroc par la région d'Idjil; ceux de Tombouctou font dès à présent suivre à une grande partie de leurs marchandises cette même direction de Dakar, et ce mouvement ne fera que s'accentuer, maintenant que le chemin de fer Sénégal-Niger est entièrement terminé. Faut-il rappeler que le commandant Lenfant a organisé les enclaves françaises du Bas-Niger à Badjibo et Forcados et que c'est là le premier acte de l'ouverture de la ligne navigable que peut offrir ce fleuve de Tombouctou à son embouchure? Peut-on croire alors que le jour où la vallée du Niger donnera, grâce à une exploitation raisonnée, des produits de valeur justifiant leur transport, lesdits produits iront gagner la Méditerranée à dos de chameau, quand ils auront à leur disposition des communications où pourront circuler en sûreté les plus encombrantes marchandises? Pense-t-on aussi que du Tchad, du Baghirmi ou de l'Ouadaï le commerce songera à engager ses convois dans le désert, lorsqu'il pourra facilement atteindre le golfe de Guinée par la route fluviale Niger-Bénoué-Kabi-Toubouri-Logoné que vient d'ouvrir le même commandant Lenfant ?

Aussi semble-t-on en droit de s'étonner des espérances que l'on fonde assez souvent sur le trafic des caravanes, et des inquiétudes mêmes qui ont trouvé tout récemment leur écho dans certains parlements étrangers. N'a-t-on pas entendu dernièrement, en Italie, un député demander si le gouvernement veillait à ce que la France ne coupât pas les pistes du Centre africain vers la Tripolitaine !

A notre avis, le Centre africain, dans les limites où il nous intéresse ici, a actuellement ses débouchés ouverts dans de tout autres directions que celles des steppes avoisinant le désert; le rôle des caravanes est à peu près terminé; elles ne pourront retrouver leur prospérité ancienne; elles se limiteront, peu à peu et tous les jours davantage, soit à la partie du commerce qu'il faut cacher, au trafic honteux et interdit des esclaves, soit au transport des objets nécessaires aux nomades. Or, que sont ces nomades? — peut-être une ou deux centaines de mille dispersés sur des espaces immenses — et combien sommaires sont leurs besoins! La plupart des tribus, du reste, sont en contact de jour en jour plus amical avec nos établissements et ne se font pas faute de venir y chercher ce qu'elles peuvent désirer.

On peut donc conclure, avec certitude, que si l'on considérait exclusivement le côté commercial, nous devrions rester dans les limites de notre occupation actuelle du Soudan et de l'Algérie; car toute extension de cette occupation semble devoir entraîner des frais que compenseraient mal les bénéfices à réaliser.

On peut ajouter, — et cette opinion n'est émise ici qu'à titre de renseignement général, comme conséquence de ce qui précède, — qu'en se plaçant au même point de vue commercial, il paraît prudent d'attendre et de se donner le temps de constater ce que rendra l'exploitation du Niger, du Damerghou et de la région du Tchad, avant de s'engager dans l'œuvre colossale que serait la construction du chemin de fer transsaharien; cette œuvre, qui exigerait l'occupation solide des territoires à traverser, n'apparaîtrait guère actuellement que comme pouvant offrir un instrument militaire coûteux, capable de transporter rapidement des troupes du Soudan à l'Algérie ou inversement. Or, l'on ne doit pas songer à porter à un moment donné dans le centre de l'Afrique, avec l'espérance de les utiliser contre telles ou telles colonies étrangères, des effectifs sérieux de race blanche; le climat en aurait vite raison, et, du reste, de quel poids seraient dans la balance leurs succès et leur dévouement, alors que l'histoire et les conditions mêmes de la guerre et de la société modernes prouvent que, selon le mot si vrai de Bismarck, les questions coloniales, quand elles n'intéressent que des nations européennes, se règlent finalement sur le Rhin, dans la Manche ou la Méditerranée, suivant le cas ?

L'hypothèse la plus probable — et aussi la plus logique — que l'on puisse se permettre à ce sujet, est de demander au Soudan français les effectifs nécessaires pour occuper certaines de nos colonies, pour grossir les rangs de l'armée coloniale, lors des expéditions éloignées, et peut-être — ici se dessine plus nettement le rôle du Transsaharien — pour stationner en Algérie, y remplacer en grande partie les troupes françaises et rendre ces troupes disponibles pour la guerre continentale. Il ne semble pas douteux que le Noir, cet admirable et si dévoué soldat, consente à s'expatrier temporairement, malgré son attachement à son village et à sa case. Mais, il est moins certain que, si le Soudan peut être un jour un immense réservoir de superbes troupes pour la métropole, ce jour soit déjà venu ; le Soudan a besoin d'être préparé à ce rôle ; nous venons d'y arriver ; il nous faut l'organiser et, avant tout, lui donner la sécurité, le calme, le repos qui permettront à ces pays, dévastés par tant de guerres barbares, de se refaire et de se repeupler ;

cette tâche est la première à remplir et portera en elle-même sa récompense. Alors, le Noir pourra être — partout où le climat lui permettra de vivre — l'auxiliaire ordinaire de l'expansion de la France et de la défense de nos colonies, comme il l'a déjà été si souvent au cours de nos conquêtes en Afrique.

L'urgence du Transsaharien ne semble donc pas s'imposer. Autre chose est de la ligne télégraphique, avec ou sans fil, Touat-Niger, dont l'établissement nous garantira contre les interruptions des câbles de la côte d'Afrique et qui sera ainsi un instrument précieux de défense et même d'unification de notre action dans notre immense empire.

Mais, pour le moment et dans l'état actuel des choses, notre commerce paraît exiger avant tout que nous nous assurions sur nos frontières sud-algériennes et nord-soudanaises une tranquillité et une sûreté absolues ; sans ces conditions, aucun trafic, aucune exploitation sérieuse ne sont possibles, et ceci est d'autant plus vrai au Soudan que le Noir, si longtemps asservi, si longtemps tremblant devant les incursions des nomades, se découragerait vite pour retomber dans la barbarie et l'inertie d'où nous le tirons peu à peu, s'il ne sentait pas notre protection effective, s'il était exposé à voir ses récoltes, ses cases, dévastées comme autrefois par des bandes de pillards ; il croit à notre pavillon, symbole de puissance, de justice et de paisible travail ; il faut qu'aucun incident ne vienne amoindrir chez lui cette croyance qui est notre force et fait son courage.

On trouve dans cette nécessité de couvrir contre des déprédations les laborieux efforts de nos protégés l'une des plus importantes et aussi des plus louables raisons qui, dans toute entreprise coloniale, nous obligent à agrandir notre cercle d'action et à pousser souvent au loin dans l'hinterland. En Algérie, on n'a pu s'en tenir au Tell; il a fallu occuper les hauts plateaux, puis les oasis du sud. Au Tonkin, même besoin de gagner la frontière chinoise pour préserver le delta du danger constant que lui faisaient courir les pirates. Au Soudan, comme dans le Sud algérien, nous paraissons être maintenant à la limite des terrains réellement exploitables; nous sommes arrivés en présence des nomades, en contact immédiat avec eux, et nous trouvons en cela moins heureux que les Anglais, qui, installés sur les riches territoires de leur colonie de la Nigéria, sont naturellement couverts par nos propres établissements, au nord sur la ligne Say-Barroua, contre les incursions des Touareg Aoullimmiden ou des Kel-Gheress; le commandant Lamy vient du reste, en tombant glorieusement sur les bords du Chari, le 22 avril 1900, de les débarrasser, ainsi que les Allemands du Cameroun, du dangereux ennemi qu'était le sultan Rabah.

En ce qui nous concerne, nous n'avions, jusqu'en

ces derniers temps, adopté vis-à-vis des nomades, sur la ligne Sénégal-Nioro-Tombouctou, que des mesures de défense et de préservation.

Sur le Sénégal, Faidherbe, après de longues luttes, signa en 1858 avec les Maures de la rive droite des traités par lesquels il assurait à nos commerçants la liberté du trafic, moyennant le payement par la colonie de redevances annuelles, sortes de coutumes qui nous plaçaient, il faut le reconnaître, dans une situation à la fois humiliante et dangereuse.

Au Soudan — ou du moins dans la région Nioro-Tombouctou-Niger — il fallut d'abord entreprendre contre les nomades, comme avait dû le faire Faidherbe, des luttes d'autant plus difficiles que l'on avait affaire à des adversaires plus disséminés, très mobiles, presque insaisissables. Quelques coups de mains habilement exécutés, des razzias opérées sur leurs troupeaux et surtout l'interdiction que l'on fit aux tribus ennemies de venir chercher du mil sur nos territoires ou d'y amener, lors de la saison sèche, leurs troupeaux en pacage finirent par avoir à peu près raison des Maures et des Touareg qui nomadisent à notre contact.

Ce système n'a pu produire des résultats complets; outre qu'il ne permet pas de faire sentir la continuité de notre action aux tribus qui n'ont pas besoin de nous, — Maures du nord et de l'Adrar mauritanien, Touareg Aoullimmiden, Hoggar, etc. — il ne tient que dans une soumission très imparfaite celles qui paraissent le plus ne pouvoir se passer de nos ressources. Que telle ou telle tribu, en effet, soit frappée d'ostracisme par nos postes, elle saura se procurer le mil qui lui est nécessaire, en se servant, comme intermédiaire, des caravanes de l'une des autres tribus admises sur nos territoires; elle enverra aussi ses troupeaux au pâturage en les mêlant à ceux de nos amis. On peut bien surveiller la sortie de notre mil; mais peut-on savoir ce qu'il devient une fois qu'il est arrivé dans les steppes du Sahel ou du nord du Niger ? On peut bien dénombrer les troupeaux à leur entrée, leur faire payer les droits convenus ; mais peut-on être assuré du groupe auquel ils appartiennent ? L'esprit des nomades est fertile en expédients ; leur organisation même leur permet de dissimuler facilement la vérité et, bien souvent, il nous faut nous contenter des apparences.

Il semble du reste que cette interdiction du mil et du pacage ne produirait un résultat décisif que si elle était généralisée, lorsqu'il est besoin de recourir à ce mode de coercition, et appliquée alors à l'ensemble des nomades; mais une telle façon de faire est impossible. L'employer serait aller contre toute justice, puisque l'on confondrait ainsi dans une même mesure de répression les coupables et les innocents; contre toute prudence, puisque l'on risquerait de créer contre nous des coalitions de tribus; contre l'intérêt même de nos populations noires, puisqu'on les priverait des bénéfices que leur assure la vente de leurs denrées.

On a donc dû s'en tenir à des interdictions partielles; mais on a pris soin de compléter ces mesures en entretenant fort habilement la division entre les tribus, dont l'état de guerre paraît être l'état normal et qui ont l'impérieux besoin de faire parler de temps à autre la poudre ou de jeter la lance; on détourne ainsi leur attention de nos tranquilles populations, on évite leurs groupements toujours dangereux parce que, sitôt réunis, les nomades s'exagèrent leur force et hésitent moins à nous attaquer. Ajoutons que, dans le cours de ces dernières années, on a remis, lors du moment critique de la saison sèche, alors que les tribus s'approchent de nos territoires, des armes aux villages noirs qui sont à leur contact; on a ainsi donné á ces villages le moyen de se défendre contre des incursions toujours possibles. Nos postes ne peuvent en effet pourvoir à tout; les longues distances qui les séparent, leurs faibles garnisons, ne le leur permettent pas et, du reste, armer les Noirs, quand il en est besoin, est une marque de confiance qui flatte leur orgueil naturel et les lie à nous plus peut-être que toute autre mesure.

Quoi qu'il en soit et malgré toutes ces précautions, la tranquillité absolue n'a pu être obtenue sur nos frontières nord du Soudan; c'est tantôt quelque commerçant indigène assassiné ou dépouillé sur une des pistes qui courent à la limite septentrionale de nos possessions, tantôt quelque troupeau dont une partie a été dérobée, tantôt encore une tribu amie qui vient se réclamer de notre influence et demander que nous la mettions à l'abri des attaques et des vols d'une autre tribu — incidents, il est vrai, de plus en plus rares, mais dont l'ensemble peut impressionner les populations et exige de notre part une surveillance active. Qu'alors nous voulions sévir, la ruse ou l'impuissance des chefs de tribu apparaissent immédiatement ; la plupart du temps les coupables sont désavoués : ils ont agi de leur propre initiative ; on ne les connaît pas ; ils ont disparu dans le Sahel ; comment savoir et trouver le campement où ils se sont réfugiés ? et, du reste, l'autorité du chef est si faible qu'il ne peut être responsable de ses hommes ! il donne de belles assurances, se confond en bruyantes démonstrations, et souvent on reste désarmé. Va-t-on frapper toute une tribu parce qu'un groupe, qu'elle renie officiellement, mérite une répression ? Si on veut la frapper, va-t-on se contenter de la mesure quelque peu illusoire de l'interdiction du mil ou lancer dans le vide une colonne, dont le résultat n'est pas chose certaine ? Est-on sûr du reste que le chef qui vous parle n'est pas de bonne foi ? Sait-on ce que cachent sa prolixité, ses appels à Allah ou même ses serments sur le Coran ?

Nous devions présenter ces observations pour montrer ce qu'est, dans tous ses détails, la situation au contact des nomades ; telle qu'elle est, elle ne présente rien de suffisamment grave pour s'opposer au développement et à la prospérité de nos établissements commerciaux, rien donc qui exige impérieusement, à ce point de vue, que nous intervenions dans les territoires de parcours des tribus ; le temps et notre active vigilance ne feront qu'améliorer l'état de choses actuel, en montrant aux nomades combien ils ont intérêt à profiter des avantages que leur offre notre voisinage et combien sont vains les efforts qu'ils peuvent tenter contre notre puissante quiétude.

IV

Mais devons-nous, surtout lorsqu'il s'agit d'un empire colonial peuplé en grande partie de musulmans, en contact à l'est avec la puissance secte des Senoussiâ, au nord avec la Tripolitaine, possession turque, et avec le Maroc, où nous nous efforçons de pénétrer, devons-nous nous en tenir à des considérations d'ordre commercial et ne pas envisager les conséquences que pourrait avoir dans l'avenir, au point de vue politique, l'abandon à elles-mêmes des populations maures et touareg, qui nomadisent au milieu même de nos possessions ?

Ces populations, avons-nous dit, sont extrêmement divisées ; un seul lien les réunit, la religion du Prophète, lien d'autant plus important qu'il rattache les Maures et les Touareg à la cour de Fez et à Tripoli, qu'il les met sous l'influence des confréries musulmanes, qu'il les englobe ainsi dans cet ensemble formidable qui cherche ses inspirations auprès des « saints hommes » venus de la Mecque, et que, de ce fait, il prend un caractère politique, qui pare en partie à l'état de désunion des tribus.

Nous n'ignorons pas que généralement les nomades sont illettrés et qu'ils ne « savent ni lire, ni écrire cette langue arabe qui réunit tous nos ennemis » ; mais nous pensons que cette ignorance même peut en faire des instruments plus dociles et plus dangereux aux mains des intrigants marabouts. Point n'est besoin d'écrire ; les palabres sont fréquents ; le soir venu, dans les campements ou même sur notre territoire, là où sont arrivées des caravanes, on s'accroupit en cercle autour du « plus saint » qui, quelques instants auparavant, placé devant ses coreligionnaires, a dirigé et rythmé les invocations du Salam et qui, maintenant, tantôt sur le ton d'une causerie, tantôt sous forme de psalmodies, raconte quelques légendes musulmanes, quelques récits du pays de la Mecque, quelques événements toujours grossis et considérablement exagérés qui intéressent l'islamisme. On « boit ses paroles », et, à voir les faces tendues et sérieuses des assistants, on est convaincu que s'ils ne sont peut-être pas des musulmans fanatiques, ils sont tout au moins des croyants d'apparence sincère, fiers d'une religion qui les élève dans leur propre estime et leur fait considérer comme bien inférieurs tous ceux qui n'en sont pas les disciples ; on sent, devant ces tableaux dont la simplicité tromperait qui n'observerait pas, devant le dédain hautain du musulman pour qui n'est pas de sa secte, l'énorme puissance morale de la religion du Prophète, l'impulsion qu'elle peut donner aux masses naïves et confiantes, lorsque le moment est venu de les entraîner à la guerre sainte.

Nous sommes heureusement très loin d'en être là sur nos frontières septentrionales du Soudan, et les précautions que nous y prenons, le respect que nous y professons pour les mœurs et le culte des indigènes ou des nomades, ne peuvent que retarder l'avènement, très improbable, d'une telle éventualité. Mais il n'en est pas moins vrai — et ceci doit attirer notre attention — que, malgré les divisions et les rivalités des tribus et des races, des groupements ont eu lieu contre nous et que, chaque fois, ces groupements ont été dirigés par quelque musulman de grande réputation de sainteté. Nous ne rappellerons que le grand rezzou dont nous avons déjà parlé et qui a réuni, en

1897, des Maures Kountas, des Hoggar et des Aoullimmiden, sous la direction d'Abiddin le Kounti, bien que celui-ci fût un étranger pour la plupart d'entre eux. Le colonel Klobb fait justement observer à ce sujet que l'on aurait peine à comprendre comment les Touareg ont consenti à marcher sous la bannière d'Abiddin, si l'on ne tenait compte à la fois du prestige religieux de ce chef et de la naïveté des nomades. « Ce n'est pas le seul exemple [1], ajoute-t-il, qu'il y ait de l'exploitation par les Arabes de la simplicité des Touareg, mais c'est un des plus caractéristiques. »

Ainsi donc, sous l'impulsion d'idées religieuses, non seulement les Maures et les Touareg sont susceptibles de se réunir temporairement pour des actions d'ensemble, mais encore ils peuvent se grouper avec des tribus du nord, Arabes, Marocains, Berbères, et nous devons ajouter que, dans certaines circonstances, ils pourraient peut-être — malgré la différence plus complète de race — s'allier à certains groupes musulmans de nos populations sédentaires du Soudan. Cette situation tient à ce que Noirs et Nomades du nord ou du sud sont en contact avec les membres des mêmes confréries. Nous parlons, bien entendu, ici des Noirs qui sont musulmans ; leur nombre est du reste fort élevé : en grande majorité sur les bords

[1] Rapport du colonel Klobb, publié par *le Bulletin du Comité de l'Afrique française*, novembre 1899.

du Sénégal, jusqu'à l'est de Bafoulabé, ils forment encore la plus grande partie de la population dans nos cercles du Sahel français (Nioro, Goumbou, Sokolo) puis dans toute la zone du Faguibine, de Tombouctou et de la vallée du Niger, en amont comme en aval de cette ville ; ils s'étendent le long de ce fleuve comme une large coulée, plus ou moins dense, et forment vers ses sources, dans le Fouta-Djallon, sur les frontières de Libéria et de Sierra-Leone, de puissantes et nombreuses agglomérations ; ils laissent ainsi, entre ces deux grandes branches, Tombouctou — Kayes et Niger — Fouta-Djallon, la région de Kita, Bammako, Satadougou que l'islamisme n'a qu'exceptionnellement pénétrée et où vivent les masses fétichistes des Bambaras et des Malinkés.

Qu'il s'agisse des Noirs ou des Nomades, les manifestations de la religion musulmane et les objets du culte sont en principe les mêmes. Chez les premiers, on trouve, dans chaque village, la mosquée plus ou moins grande, plus ou moins bien bâtie, mais toujours tournée vers l'est, des écoles d'ordre différent, écoles simples pour les enfants qui y apprennent à lire et écrire un arabe déformé, écoles supérieures pour l'étude du Coran. Chez les seconds, où la vie nomade ne permet pas l'établissement de mosquées, la prière se fait au hasard des steppes et des campements; le sable remplace l'eau pour les ablutions prescrites. Le Maure et le Touareg n'ont guère comme lieux fixes de vénération que les tombeaux de leurs ancêtres ou de leurs grands marabouts. Ces tombeaux sont quelquefois d'importantes constructions, comme ceux de l'iman Addarami à Atar, dans l'Adrar mauritanien, et de Cheikh Sidia ould Laïb à quelques jours au nord de Podor ; en certains cas, ils forment lieu d'asile, tel celui de Sidi Mohamed el-Larousie vers le Saghiet el-Hamra (Sud marocain) ; mais toujours ils attirent de nombreux pèlerins, servent de points de ralliement et de palabre aux tribus ; c'est ainsi que, à six jours de marche au nord de Goumbou, à Dar Salam, sur la piste de Oualata, les Maures se réunissent souvent autour du mausolée de Sidi Mohamed Fadde, fondateur de la célèbre tribu maraboutique des Talib-Moctar.

Plus importantes encore sont les « zaouïas », sortes d'écoles de droit musulman, dirigées par des marabouts réputés, connus même chez les Noirs. Du Saghiet el-Hamra, ces zaouïas contournent les sables du désert par Idjil, le Sahel maure, pour aller rejoindre le sud de la Tripolitaine et de l'Algérie par les territoires de parcours des Touareg, formant ainsi une sorte de ligne ininterrompue qui réunit les musulmans du nord à ceux du sud et donne aux uns et aux autres la même impulsion religieuse et politique. C'est comme un immense réseau aux mailles très ténues et très flexibles, aux fils presque invisibles mais résistants, qui enferme dans un même ensemble nos possessions, les régions qui les séparent et les pays mahométans qui enserrent l'Algérie.

Pas d'organisation ni de hiérarchie compliquées ; les chefs moraux, ceux que l'on suit parce que l'on croit à leur sainteté, sont des marabouts généralement issus de grandes familles religieuses.

Rappelons qu'en ce qui concerne le nord du Soudan, nous avons attiré l'attention sur les tribus maraboutiques des Maures Tanouazits, Lacknals, Talib-Moctar, et des Touareg Chiouks, Chérifs, Kel-es-Souk. De ces tribus et d'autres groupes semblables viennent les mille conducteurs ignorés, mais puissants, de l'âme des Nomades ou des Noirs musulmans ; leurs moyens d'action sont nombreux et les services qu'ils rendent souvent infinis. Éducateurs d'enfants, écrivains, dispensateurs de la justice, interprètes du Coran, ils sont, au milieu de ces populations ignorantes, les auxiliaires et les intermédiaires indispensables ; ce sont eux qui le plus souvent parlent et traitent au nom des tribus ; c'est donc à eux qu'il nous faut la plupart du temps avoir affaire, et peut-on jamais être certain qu'ils interprètent fidèlement nos intentions ou celles mêmes de leurs coreligionnaires ? Lisons ce que dit à ce sujet le colonel Klobb[1] : « Aux Touareg, qui sont tous illettrés, les Kel-es-Souk fournissent des écrivains et des marabouts pour faire

[1] *Loc. cit.*

le Salam; ces plumitifs se plaisent surtout à tout brouiller et à être grossiers lorsqu'ils écrivent à des infidèles; ils ont marché avec tous les rezzous contre les Français ou leurs sujets et, après Abiddin, ils ont été la cause déterminante de la grande réunion des Touareg en 1897; les bruits répandus par les Kel-es-Souk sur le compte des chrétiens ont contribué à rendre l'attitude des populations plus hostile... Tous ces marabouts (chiouks et chérifs) sont la plaie du pays et, comme partout, ils s'engraissent aux dépens des autres; ils nous sont très hostiles. S'il était possible de s'en débarrasser, il nous serait facile de faire des Touareg, qui sont des gens simples, de fidèles sujets; je ne perds pas de vue cependant dans mes relations avec eux qu'il ne faut pas lutter en face par la force contre l'influence musulmane... »

Faut-il ajouter que tous ces marabouts et la grande majorité des musulmans, noirs ou blancs, sédentaires ou non, du Soudan et des steppes au nord sont affiliés à quelque confrérie de l'Afrique septentrionale ?

De Nioro à Tombouctou, sur nos territoires aussi bien que dans le Sahel maure et dans les terrains de parcours des Touareg, on voit souvent sur les indigènes le collier noir de l'ordre des « Tidjania », issus des environs de Laghouat (Algérie); les « Kadria » dont la maison mère est à Bagdad, ont une influence et une zone d'action aussi considérables. Du Maroc par

Idjil aux rives du Sénégal, ce sont surtout des « Taïbia », ordre marocain très répandu, dont le grand maître a été fort habilement placé sous la protection de la France ; plus rares, sont les adeptes des « Nasria » relevant de la zaouïa de Tamegrout, sur l'oued Draa (Sud marocain), et que l'on ne rencontre guère que vers Tombouctou.

Toutes ces confréries ne nous sont pas à proprement parler hostiles; mais on ne saurait peut-être pas en dire autant de l'ordre puissant des « Senoussiâ », dont le fondateur, parti de Mostaganem, fit un long séjour à la Mecque, revint en Afrique, envoya partout de zélés missionnaires et finit même par inquiéter Constantinople. Actuellement les zaouïas des « Senoussiâ » jalonnent la grande ligne de caravanes du Tchad à Tripoli, couvrent le Ouadaï, le Tibesti, le Kanem, la Tripolitaine et sont apparues dans le Sud algéro-tunisien. Au Soudan, on ne compte guère que quelques adeptes de cette secte à Tombouctou ; mais l'influence des Senoussiâ s'y fait néanmoins sentir ; les Kountas de l'est aussi bien que les Hoggar et les Touareg Azdjer paraissent subir leur action. On a dit que c'est aux Senoussiâ que fut dû le soulèvement du Sud oranais en 1882, sous la direction de Bou Amama, et que c'est encore à leur instigation peut-être qu'a été organisé le grand rezzou d'Abiddin en 1897 ; le rapprochement de ces deux faits, s'ils étaient confirmés, serait caractéristique et montrerait quelle surveillance exigent les agissements de cette puissante et riche confrérie.

Heureusement que ces différents ordres sont loin de vivre en bonne harmonie; ils sont profondément divisés par des rivalités, et ces divisions s'étendent parfois aux branches d'un même ordre. C'est à nous d'en profiter pour opposer les confréries les unes aux autres et utiliser celles qui nous sont favorables pour neutraliser celles qui nous sont hostiles; ce système a produit les meilleurs résultats dans le Sud algérien; il paraît d'autant plus facile à appliquer dans le nord du Soudan que l'islamisme y est moins violent, moins fanatique que dans l'Afrique méditerranéenne et aussi que les marabouts y sont plus pauvres, moins comblés de riches cadeaux et, par conséquent, plus facilement achetables, plus aisés à conquérir à notre cause. C'est ainsi que nous avons pu nous gagner dans le Sahel maure, au milieu de la tribu maraboutique des Talib-Moctar, des influences précieuses pour l'avenir.

Quoi qu'il en soit, il est certain que, de l'Algérie au Soudan et du cap Blanc au Tchad, la grande majorité des populations se trouvent réunies à des degrés différents par une même pensée. Il n'est pas douteux que, sous ce rapport, les pistes de caravanes ont gardé et peut-être vu s'accroître toute leur importance; car ce sont ces pistes que suivent les émissaires qui vont porter dans ces immenses régions la parole de la foi ou le mot d'ordre des grands maîtres ; c'est avec les caravanes qu'ils descendent du Maroc ou de la Tripolitaine jusqu'au Sénégal, au Niger ou au Tchad pour entretenir la haine contre le chrétien, stimuler le zèle des croyants, renouveler l'espérance que le règne du Prophète reviendra plus éclatant que jamais, maintenir cet état d'hostilités sourdes qui fait que certaines tribus, certaines populations ne nous regardent qu'avec méfiance et, n'osant résister de front, trouvent dans leur inertie de quoi s'opposer à nos projets.

On n'a pas oublié que les confréries ont essayé de nous fermer les débouchés sud de l'Algérie et de la Tunisie, que la Porte a fait occuper Ghat et Ghadamès, que récemment encore le Maroc, avant que nous n'ayons le droit d'y intervenir directement, a cherché à soustraire à notre influence certaines zones et tribus sahariennes. Le Maghzen n'avait-il pas émis des prétentions sur Igli, sur In Salah même, et n'avait-il pas fallu l'intervention énergique de M. Revoil auprès de la cour chérifienne pour faire reconnaître par nos fanatiques voisins nos droits imprescriptibles sur le Touat, le Tidikelt et le Gourara ? C'est ainsi qu'au nord, dans la zone méditerranéenne, la politique musulmane, les empiètements dangereux des confréries nous obligèrent à pousser jusqu'aux oasis les plus méridionales.

Pouvons-nous laisser aux mahométans carte

blanche au sud de ces oasis et dans la zone soudanaise? Là aussi, le sultan du Maroc avait fait offrir par des émissaires sa protection aux Maures sédentaires des centres de l'Adrar, du Tagant, du el-Hodh, comme s'il voulait s'assurer la possibilité de réaliser, au moment propice, l'établissement effectif de son influence aux portes mêmes de nos postes du Soudan et reprendre l'exécution de la pensée qui avait, il y a quelque deux cents ans, amené ses troupes jusque sur le Niger. Notre pénétration dans ce réduit de l'Islam qu'est le Maroc, écrasera dans l'œuf ces tentatives; mais elles restent un symptôme, une indication des embarras auxquels nous nous exposerions, si nous laissions dans les espaces sahariens, au milieu même de nos possessions, un foyer immense de prosélytisme et de fanatisme, une libre agglomération de tribus, une sorte de lieu d'asile où se réfugieraient et d'où sortiraient de dangereux adversaires, toute une zone abandonnée à la seule autorité des marabouts, zone d'isolement pour nos diverses colonies, mais de jonction pour tous ceux qui désirent, sans oser le proclamer, la chute de notre puissance.

Ce sont là des considérations dont on ne saurait nier l'importance; car lorsqu'il s'agit de choses aussi ténébreuses et souvent aussi fertiles en surprises que celles qui touchent à la religion musulmane, il faut savoir prévoir de loin et se donner le temps d'agir.

Sous ce rapport, aussi bien qu'au point de vue de l'unification morale de notre empire africain, l'établissement par des mesures appropriées de notre influence effective dans les zones utiles du grand quadrilatère, Sénégal, Niger, Sud algéro-tunisien et Sud marocain, aurait des résultats politiques évidents et, comme conséquences naturelles, des résultats commerciaux qui, considérés seuls, eussent été insuffisants à justifier notre intervention.

V

Des résultats politiques que peut nous permettre d'atteindre notre installation dans les espaces sahariens, le plus intéressant et le plus actuel, puisqu'il touche à notre pénétration au Maroc, semble être l'aide que pourrait apporter à cette pénétration notre progression dans la zone ouest, du Sénégal au Maroc, c'est-à-dire dans le long couloir qui, par l'Adrar mauritanien et la Sebkha d'Idjil, mène au Saghiet el-Hamra et à l'oued Noun.

Les espaces sahariens sont bien en effet les lieux d'asile — longtemps inviolables pour nous — de tous les fauteurs de désordre, qui nous obligèrent, pour donner à notre installation en Algérie l'indispensable tranquillité, à tant d'efforts et à tant d'opérations militaires. Marabouts et chefs surgissaient des sables du sud, fomentaient et organisaient des insurrections, fuyaient insaisissables devant nos colonnes, se retiraient dans leurs steppes où ils rentraient libres et prêts à reprendre la lutte dès que l'occasion s'en représenterait.

Il nous a fallu chaque jour pousser plus au sud nos postes avancés, descendre d'Ouargla à el-Goléa, à fort Mac-Mahon et fort Miribel, dans le Gourara, le Touat et le Tidikelt, occuper les oasis, y créer des postes d'où nos colonnes, chaque jour plus légères et plus faites à leur rôle, allèrent fouiller les lieux d'asile, frapper les coupables, soumettre les rebelles. Colonnes et postes restreignirent ainsi peu à peu l'étendue des refuges inviolables et supprimèrent du même coup les causes principales du renouvellement incessant des insurrections.

Aujourd'hui, dans cette zone est du Sahara français, ou du moins dans sa partie la plus utile, la question de prise de possession effective est presque entièrement résolue. Demain nous aurons des compagnies sahariennes dans le Mouydir et le Hoggar que nous venons de parcourir ; demain aussi nos tirailleurs et méharistes soudanais iront installer à Teleya, dans l'Adrar nigritien, et tout aussi facilement qu'ils l'ont fait à Araouan, le poste que l'on a récemment décidé d'y créer.

Que l'on suppose maintenant qu'avant d'entreprendre la conquête de l'Algérie, la France se soit trouvée depuis longtemps déjà maîtresse du Soudan ; qu'elle ait pu du Niger progresser vers le nord et que le jour où son escadre parut devant Alger ses postes soudanais aient atteint le Touat et le Tidikelt ! Certes elle n'eût pas été débarrassée de la nécessité de réduire les rudes et belliqueuses populations du Tell, des Hauts-Plateaux et de la Kabylie ; mais, combien cette tâche lui eût été facilitée, combien d'opérations, de colonnes, d'insurrections sans cesse renaissantes, combien de pertes de temps, d'argent et d'hommes, combien de retards dans l'œuvre de mise en valeur et de civilisation lui eussent été épargnés, si, d'avance, elle avait pu procéder à cet investissement par le sud ; si, maîtresse également sur les frontières marocaine et tunisienne, elle avait pu enfermer l'Algérie entre la mer et la ligne de ses postes, l'isoler, la couper de toutes communications.

Aujourd'hui que toute notre attention est portée sur le Maroc, que nous nous efforçons d'y pénétrer et d'y rétablir l'ordre, ces leçons du passé ne doivent pas être perdues pour nous. Nous sommes les maîtres au Sénégal ; nous connaissons les tribus nomades, leurs territoires du Sahel, de l'Adrar mauritanien, de la Sebkha d'Idjil et du cap Juby. Nous commandons sur la frontière algérienne de la Méditerranée à Igli. Nous pourrons, quand nous le voudrons, fermer le Maroc au sud comme nous le fermons à l'est, nous installer dans la région du cap Juby et de l'oued Draa, en progressant du Sénégal par le couloir Adrar-Sebkha d'Idjil, peu à peu et sans éveiller l'attention de la cour de Fez.

Au Maroc même, la base de notre politique est l'action pacifique ; nous reconnaissons et maintenons l'intégrité de l'empire et la suzeraineté du sultan. Ce faisant, nous confondons nos intérêts politiques avec ceux du sultan lui-même, qui devient, par une conception très juste et tout à fait conforme aux principes de l'action en pays musulman, notre intermédiaire vis-à-vis des populations.

Renforcer l'autorité du sultan, la faire admettre par les tribus, l'asseoir solidement sous notre contrôle, semble donc devoir être le premier but à nous fixer. Or, faiblement assurée en plaine, là où peuvent facilement pénétrer et l'exiger les troupes chérifiennes, elle est méconnue en montagnes et niée par les uns ou les autres des nomades, qui vont où les poussent leurs intérêts du moment. Les chefs ou marabouts qui surgissaient contre nous des asiles du Sud algérien, surgissent contre le sultan des refuges du Sud marocain, suscitent contre lui des insurrections, lancent dans l'empire des bandes de pillards, mettent en péril — et souvent au nom même de la religion du Prophète — son trône et sa vie. L'empire est en pleine anarchie, pas plus soumis à son chef que l'Algérie ne nous l'était quand les succès d'Abd el-Kader nous tenaient enfermés dans Alger et dans sa banlieue de la Métidja.

Que les réformes financières et militaires que nous apportons avec nous au sultan lui permettent d'avoir une armée plus forte et plus capable de faire respecter son autorité, que nous allions même plus loin, que nous nous trouvions amenés à appuyer le Makhzen de nos armes, l'histoire de toutes les difficultés et de toutes les insurrections que nous valût le Sud algérien, n'en recommencera pas moins dans le Sud marocain. Que ce soit le sultan ou nous qui gouvernions, il faudra agir ; et peu à peu s'imposera la nécessité de couper le Maroc de son hinterland, d'étendre progressivement vers le sud la zone d'action effective, de s'installer d'abord sur l'oued Noun et l'oued Draa, puis sur le Saghiet el-Hamra et dans la région d'Idjil, de faire en un mot la jonction avec le Sénégal comme nous avons dû faire celle du Tidikelt avec le Niger.

Notre intérêt est donc de prendre les devants, puisque nous le pouvons, et de nous assurer les avantages d'une pacification plus rapide du Maroc lui-même en remontant dès à présent du Sénégal vers le nord.

VI

Les écoles que nous avons faites dans la zone est — Tidikelt, Mouydir, Adrar nigritien — nous indiquent les procédés à employer dans la zone ouest — Adrar mauritanien, Idjil, Saghiet el-Hamra.

Tout d'abord, il est évident qu'il ne s'agit pas d'occuper d'une façon uniforme des espaces aussi étendus que ceux qui nous intéressent et de valeurs du reste très différentes. Ces espaces se synthétisent en un certain nombre de *points vitaux* : mines de sel, centres de sédentaires, marchés d'échange, mares ou puits importants, lieux de ralliement ou de rassemblement des caravanes. Lorsque l'on est maître de ces points, qui dans ces espaces désolés ne sont pas en nombre infini, on est maître des nomades ; car on peut atteindre ceux-ci aux sources mêmes de leur existence. On a en mains les gages qui répondent de la loyauté et de la durée de leurs soumissions.

Les officiers qui ont parcouru le Mouydir, le Hoggar et l'Adrar nigritien n'ont pas manqué de signaler l'importance de ces régions pour les tribus qui nomadisent dans les immensités entre l'Algérie et le Niger ; ils ont relevé avec soin toutes les traces d'installations sédentaires d'aujourd'hui ou d'autrefois, les cultures, les pâturages, le régime des eaux, pour montrer que là surtout se groupent les points vitaux indispensables à l'existence des nomades et que c'est là, par conséquent, qu'il faut prendre pied pour maîtriser les grandes tribus Touareg.

Que l'on veuille bien maintenant se rappeler ce que nous avons dit de ces autres régions, Sahel maure et Adrar mauritanien, qui contournent au sud et à l'ouest la masse isolante de l'Ighidi et du el-Djouf : les centres d'Araouan, Oualata, Tichit, Chingucti, Idjil, en jalonnent les pistes et sont les marchés d'échange où viennent trafiquer les caravanes et s'approvisionner les tribus maures. Si l'on est maître de ces centres, on a la haute main sur les mines de sel de la Sebkha et de Taoudéni, dont ils sont les débouchés ; on tient les directions venant du Maroc ; on commande les communications entre l'Adrar mauritanien et la région de Tombouctou. Ce sont eux qu'il faut d'abord occuper par nos postes, chose déjà faite, du reste, en ce qui concerne Araouan. Cette occupation serait le premier acte et le plus important de notre prise de possession.

Il ne s'agit pas ici de grandes opérations militaires, de coups de force brutale, mais d'une progression raisonnée, d'une sorte de progression pacifique que nous ferions, semble-t-il, admettre sans grande peine par les nomades et surtout par les quelques centres de sédentaires, dont les chefs sont venus parfois dans nos postes du Sénégal et du Sahel français réclamer notre protection contre les bandes de pillards.

Avant tout, nous prendrions soin de rassurer les tribus et de leur faire comprendre nos intentions. « Nos procédés, a dit le colonel Klobb, pourront faire oublier aux nomades le fait de la conquête », fait qui est le principal obstacle à leur assimilation. Employons ces procédés « avant la lettre ». Dans cette zone du Sahel maure, aucun ordre religieux ne nous est hostile ; les « Kadria » et les « Tidjania » que nous y rencontrons nous sont fidèles depuis de nombreuses années dans le Sud algérien ; les Talib-Moctar nous sont tout particulièrement dévoués ; gagnons donc les marabouts aussi complètement que possible à notre cause par des cadeaux appropriés, par des faveurs spéciales ; usons de leur intermédiaire pour convaincre les tribus — dont plusieurs nous sont déjà franchement ralliées — que nous ne venons pas en destructeurs, mais en amis de la paix, que nous respectons les mœurs, les coutumes, la religion de nos protégés, que nous ne touchons pas aux biens et à la liberté de ceux qui nous accueillent.

Ces promesses, que rien n'empêche d'être sincères, sont absolument nécessaires. Il faut que les nomades sachent et croient fermement qu'après comme avant notre arrivée sur leurs territoires, ils disposeront librement des produits de leurs mines de sel, de leurs forêts de gommiers, de leurs troupeaux ou autres biens, en un mot de tout ce qui leur permet de vivre. Avec quoi du reste subsisteraient-ils, si on avait l'inhumanité de leur enlever les seules ressources qu'ils possèdent et à quel suprême effort de résistance désespérée ne devrait-on pas s'étonner de les voir alors acculés ?

Dans ces conditions, précédés par la réputation de justice et d'honnêteté qui est la nôtre au Soudan et que corroboreraient nos assurances de paix, guidés par les marabouts qui nous sont acquis, désirés même par certains groupes de nomades ou de sédentaires, les administrateurs ou les officiers que nous enverrions sur Oualata, Tichit, Chingueti ne rencontreraient probablement aucune résistance et s'efforceraient de se faire recevoir en amis.

« Je suis convaincu, écrit l'ancien chef de la mission Foureau-Lamy[1], que rien ne convient mieux aux opérations sahariennes qu'un petit effectif indigène bien encadré, bien armé, bien monté et, par conséquent, aussi mobile et aussi endurant que les gens du pays dans lequel il est destiné à évoluer, sans convoi lourd, sans impedimenta d'aucune sorte. » Soixante-dix ou quatre-vingts hommes furent l'effectif, et de la dernière reconnaissance qui vient de des-

[1] *Bulletin du Comité de l'Afrique française*, novembre 1903.

cendre d'In Salah vers le Niger sous les ordres du commandant Laperrine, et du poste récemment installé à Araouan ; ce serait celui des postes à créer dans le Sahel maure et dans l'Adrar mauritanien.

De ces postes, nous pourrions utilement agir sur les tribus maures, renforcer l'autorité de leurs chefs, suivant le principe qui veut que nous ayons des intermédiaires et dont nous cherchons actuellement à faire au Maroc même une judicieuse application ; nous pourrions donner à ces chefs une sorte d'investiture, exiger qu'ils assurent, dans chacune de leurs zones, la répression des pillards, régulariser en un mot la vie errante de ces populations.

Il ne semble pas qu'il y ait à craindre des frais considérables pour cette occupation. La poussée de nos postes vers le nord, dans l'Adrar mauritanien, ôterait de leur importance à ceux dont Faidherbe a dû hérisser le Sénégal pour tenir les tribus maures cantonnées sur la rive droite de ce fleuve, et elle mènerait aux conséquences que M. de la Batut, député, a signalées dans son rapport sur le budget spécial de l'Algérie pour 1904 : « Les dépenses nécessitées par l'occupation des oasis sahariennes permettent, dit-il, de réduire celles que nous faisions auparavant dans la zone qui constituait naguère notre extrême sud. Cela nous a permis notamment de diminuer les effectifs des garnisons de Ghardaia et d'el-Goléa et d'abandonner les bordjs de Miribel et d'Inifel. »

Les postes dont nous demandons l'installation dans le Sahel maure et l'Adrar mauritanien sont à notre portée. Il ne faut guère plus de huit jours, en marches normales, de Goumbou à Oualata; douze environ de Nioro ou neuf de Oualata à Tichit; dix ou douze de Tichit à Chingueti.

Une fois à Oualata, Tichit et Chingueti, premières étapes de notre progression, nons pourrons régler notre action suivant les circonstances, la graduer, l'accélérer ou la ralentir suivant l'impression produite, la proportionner aux chances de succès du moment, marquer des temps d'arrêt dans l'Adrar mauritanien, dans la région d'Idjil, et n'atteindre le point septentrional extrême, la zone du cap Juby et de l'oued Draa, que lorsque nous le jugerons bon.

L'œuvre dont nous venons d'exposer le développement se trouve favorisée par la récente création du « territoire civil de la Mauritanie [1] » qui réunit, sous l'autorité d'un commissaire du gouvernement général de l'Afrique occidentale, les pays maures situés, en aval de Kayes, sur la rive droite du Sénégal. Actuellement, des postes sont établis à Sout el-Ma, Khroufa et Nouakchott; les Maures Trarzas, Braknas et Douaïchs ont fait leur soumission et nous n'avons plus à leur payer « ces coutumes » que Faidherbe avait dû

[1] Décret du 18 octobre 1904.

leur consentir pour assurer la liberté de trafic de nos commerçants.

Les deux rives du Sénégal sont désormais au même titre sous la domination de la France et, suivant les propres expressions du gouverneur général, « ces résultats si remarquables ont été obtenus sans combats, sans expéditions coûteuses et meurtrières, par l'action continue d'une politique habile et persévérante, s'attachant à respecter les mœurs et les coutumes des populations dont la grande majorité, lasse de souffrir des vexations de quelques tribus pillardes, s'est ralliée franchement à notre autorité[1]. » La diplomatie éclairée du commissaire du gouvernement en Mauritanie avait préparé les voies ; « les colonnes d'observation » qui l'accompagnèrent dans ses tournées pacificatrices, firent le reste par le seul rayonnement de la réputation de nos tirailleurs et de nos spahis.

Ainsi se trouve une fois de plus démontrée, la réelle efficacité de ce mode d'action que nous reprenons très heureusement aujourd'hui, après en avoir posé autrefois dans la vallée du Nil, puis oublié les principes : persuader, mais se tenir prêts à frapper énergiquement ; avoir la force, mais pour la montrer plutôt que pour l'employer.

[1] Discours de M. Roume, gouverneur général de l'Afrique occidentale française, à l'ouverture de la session du Conseil supérieur de gouvernement, 15 décembre 1904.

Ainsi peut se poursuivre, sans lourds et dispendieux efforts, sans inutiles appareils de guerre, l'investissement progressif du sud du Maroc et être, par cela même, singulièrement facilitée l'œuvre de rétablissement de l'ordre et de pénétration pacifique, que nous venons d'entreprendre par le nord de cet empire.

Ainsi se trouverait en même temps complétée et affermie la soudure, déjà ébauchée entre le Touat et le Niger, de nos possessions de la Méditerranée à celles du Sénégal et du Soudan. Ainsi s'accroîtraient encore les moyens d'action de la France sur le monde musulman, dont elle pourrait surveiller plus efficacement et utiliser peut-être dans l'intérêt de sa politique les nombreuses confréries; et, à ces résultats se joindrait pour elle la gloire d'avoir appelé à une vie plus régulière et plus heureuse des populations nomades, dont le caractère n'est quelquefois pas sans grandeur et dont les origines, rapprochées des nôtres, justifient l'effort que nous devons faire pour améliorer les conditions de leur dure existence.

LA QUESTION DE LA TRIPOLITAINE

La question de la Tripolitaine, sur laquelle les événements de ces dernières années ont appelé l'attention, est loin d'être nouvelle. Si on la considère sous son côté européen, elle fait partie de cette grosse et dangereuse affaire de la dislocation possible de l'Empire ottoman, en vue de laquelle chacun s'efforce de prendre des gages et de s'assurer, pour le moment critique, une situation aussi forte que possible de « droits acquis ». Si on l'examine au point de vue africain, le seul dont nous ayons à nous occuper ici, on la trouve parmi celles qui nous intéressent directement, depuis que nous sommes installés en Tunisie et dans la région du Tchad.

Sous ce rapport, qui semble avoir donné lieu à des échanges de vue entre Paris et Rome, elle met en présence dans le nord de l'Afrique trois puissances : la Turquie qui s'appuie sur ses droits de suzeraineté directe, la France qui doit sauvegarder sa situation de puissance africaine, et l'Italie qui voudrait trouver sur la côte barbaresque une compensation à ses rêves jusqu'à présent déçus d'expansion en Afrique.

Dans quelles conditions ces trois puissances se trouvent-elles en Tripolitaine; quels y sont leurs droits, leurs ambitions possibles et, aussi, leurs intérêts? Analysons les uns et les autres et, comme conclusion logique, en résultera la solution que nous pouvons désirer voir intervenir, lorsque, des projets, les circonstances amèneront à passer aux actes.

Il importe, avant tout, si l'on veut se donner des éléments exacts d'appréciation, de distinguer politiquement et géographiquement entre la Tripolitaine proprement dite et ce qui en forme l'hinterland.

On peut comprendre dans la première de ces deux régions toute la zone qui s'étend entre la côte de la Méditerranée et la ligne de Ghadamès à Aoudjila par Sokna. « Cette zone se compose d'un palier maritime (Djeffara et Taorgha) par lequel on monte insensiblement vers un vaste plateau uni qui occupe tout le vilayet suivant le quadrilatère Nalout-Misrata-Sokna-Ghadamès. »

Ce sont les bordures de ce plateau, hautes de 300 à 500 mètres, qui ont donné aux premiers voyageurs l'illusion de ces montagnes indiquées sur les cartes comme d'importants « djebels ». La mission récente, dont M. de Mathuisieulx a été chargé en Tripolitaine par le ministre de l'Instruction publique, a apporté, sur ce point, comme sur beaucoup d'autres, de précieux renseigements[1].

L'eau est rare à la surface du sol, mais abondante dans les couches souterraines, et, là où elle apparaît, elle donne la vie à une végétation luxuriante.

Sur les bordures du grand plateau tripolitain, dans les échancrures nombreuses du rocher, c'est une sorte de Kabylie ; les ksar des Berbères autochtones s'y accrochent, comme des nids d'aigle, aux anfractuosités du roc ou se creusent en villages de troglodytes, en « citadelles sculptées » dans le calcaire ; dans les fonds bondissent les torrents et, sur leurs bords, s'étagent les champs d'orge et d'herbes fourragères, « si vertes au printemps qu'on les croirait factices ».

Ailleurs, dans les oasis suffisamment arrosées, les arbres fruitiers, bananiers, grenadiers, orangers, citronniers, poiriers, figuiers croissent à l'ombre des palmiers géants.

Les Romains, multipliant les forages, creusant des puits artésiens, avaient su amener dans les thalwegs, pour en féconder la terre, l'eau des nappes souterraines. M. de Mathuisieulx a retrouvé les ruines de leur colonisation, échelonnées sur les bords de la Méditerranée, dans les couloirs des ouadi et même le long de pistes de pénétration se dirigeant vers le Fezzan.

« En suivant les thalwegs, écrit-il, on n'a qu'à

[1] Notice publiée par *le Bulletin du Comité de l'Afrique française* (nº de janvier 1904. Renseignements coloniaux).

creuser pour trouver de l'eau ; et ce trésor d'humidité est d'autant mieux fourni qu'on approche de la mer. » Le pays de Barka — la vieille Cyrénaïque — n'avait-il pas mérité jadis d'être appelé « le grenier de Rome » et ne présente-t-il pas encore actuellement l'aspect d'une des « plus belles parties de l'Afrique du Nord » avec ses pâturages, ses forêts de chênes et d'oliviers sauvages, ses thuyas, ses églantiers, ses cyprès, ses myrtes, ses sureaux, ses pistachiers et ses caroubiers ?

Aujourd'hui les villes de la côte, Derna, Grenna — l'ancienne et florissante Cyrène, — Benghasi, Misrata, Khoms, Tripoli surtout, font un commerce assez actif. Dans ce dernier port[1], qui compte environ 35,000 habitants, dont 8,000 israélites, 4 à 5,000 Européens, beaucoup de Turcs et peu d'indigènes — Arabes ou Berbères — entrent en moyenne chaque année de 7 à 800 navires apportant d'Europe de 9 à 10 millions de marchandises, cotons, sucres, soieries, farines, et ressortant chargés pour une somme à peu près égale de plumes d'autruches, de peaux, ivoires, alfa, éponges, céréales, henné, œufs, etc.

Ce trafic avait même atteint en 1900 : 12 millions pour les importations et 10 millions pour les expor-

[1] Le vilayet de Tripoli qui, au point de vue civil, est distinct de celui de Benghasi et qui s'étend jusqu'au Fezzan inclusivement, compte au total de 1.200.000 à 1.500.000 habitants, dont 20.000 Juifs, Maltais et Italiens habitant les grands centres, surtout Tripoli, Khoms et Misrata.

tations, comme le constatait le rapport de M. L. Rais, gérant du consulat de France à Tripoli; il retomba en 1901 au chiffre des années précédentes. Il ne peut du reste qu'être favorisé par la situation exceptionnelle de la ville de Tripoli, placée à faible distance des ports de l'Europe méridionale et formant, d'autre part, la tête de la plus courte route de pénétration qui, par le Fezzan, Mourzouk et les oasis de Bilma, permette d'atteindre le Centre africain. La route fluviale Niger-Bénoué-Kabi-Toubouri-Logone offre aux marchandises des trajets plus faciles entre le Tchad et la côte, mais, aboutissant au golfe de Guinée, elle exige, par contre, de coûteux transports par mer. Aussi a-t-on pu dire que Tripoli était une sorte de « carrefour entre l'Europe et l'Afrique » et trouve-t-on dans la bigarrure de la population de cette ville, faite de tous les éléments des races de ces deux continents, une justification effective de cette affirmation.

Les Turcs commandent dans toute cette zone qui avoisine la côte et dans quelques oasis, au seuil du désert. Les valis qui gouvernent au nom du sultan à Tripoli et à Benghasi ont des représentants et des garnisons dans le pays de Barka, comme à Zouara, Khoms, Aoudjila, Ghadamès, Sinaoun, Derdj, Sokna et, même plus au sud, au delà de la masse du vaste plateau de la Tripolitaine proprement dite, dans la région desséchée et sans eau du Fezzan, avancée du désert Libyque, et dans l'oasis de Ghat.

Si l'on pouvait en douter, il suffirait de lire ce qu'ont écrit les très rares voyageurs qui ont pu visiter ces pays, si jalousement fermés aux étrangers. M. le colonel Monteil disait dernièrement, en rappelant son voyage de 1891 dans le Centre africain : « Je me souviens que je fus très surpris de trouver la Tripolitaine occupée par une armée, bien habillée, bien commandée par deux maréchaux turcs auxquels je rendis visite ; cette armée qui ne ressemblait en rien à la garnison dépenaillée dont parle Nachtigal, résidait principalement à Tripoli, Beni Oulid, Nalout et Ghourian. » Que l'on consulte encore les renseignements donnés par M. de Mathuisieulx, auquel nous avons déjà fait appel, on y lira que « *les Turcs sont les maîtres incontestés* dans toute la Régence jusqu'au Fezzan ; s'ils ne sont pas aimés, ils jouissent d'une influence qui a permis au voyageur de traverser avec un seul gendarme, des régions où les assassinats sont très fréquents parmi les Arabes et les Berbères. Un seul chaouch suffit à conduire toute une caravane de prisonniers indigènes à l'intérieur, sans que personne songe à les délivrer ».

Cette influence, les Turcs s'efforcent de la conserver intacte et entière ; car la Tripolitaine est la seule porte d'accès qui leur permette encore de se relier à l'immense agglomération musulmane du Centre africain. Ils interdisent impitoyablement, sauf d'extrêmement rares exceptions, l'entrée de l'intérieur du pays à tout Européen. Lorsque les Italiens voulurent établir un bureau de poste à Benghasi, le vali s'y opposa par tous les moyens possibles, et le bureau ne put être ouvert que grâce à l'envoi d'une division navale italienne et sous la protection des compagnies de débarquement. Mais le sultan ne s'en tient pas à ces mesures de défensive passive ; il recherche et adopte toutes celles qui peuvent développer et sauvegarder, le cas échéant, son autorité.

Ce furent d'abord, dans cet ordre d'idées, les essais de peuplement qui furent faits sur les points les plus favorables de la Régence et dont le but était d'accroître l'importance de l'élément mahométan ; ainsi furent envoyés dans le pays de Barka, aux environs de Grenna (Cyrène) et de Marsa Sousa (antique Apollonia), de nombreux réfugiés musulmans, émigrés de Crète. Ensuite vint, vers le milieu de l'année 1900, tout un programme de réformes dont l'introduction en Tripolitaine ne semble pas avoir été très favorablement accueillie par tous les habitants, mais qui indique clairement les préoccupations de la Sublime Porte.

Nous visons surtout ici la partie militaire de ce programme qui ordonna d'abord la création de milices, puis fut complétée par de récents iradés, astreignant la population de la Régence au service militaire de deux ans. L'exécution de ces mesures, très significatives de la part des Turcs, qui « répugnent à imposer ces obligations même chez eux », est confiée depuis plusieurs années au colonel allemand von Rude Gisch, mis par l'empereur Guillaume à la disposition de la Turquie.

La Tripolitaine aura ainsi une armée recrutée sur place, donc pouvant vivre d'elle-même, et forte, si les renseignements sont exacts, de 3.000 cavaliers et 12.000 fantassins environ. Dans ces chiffres ne sont pas compris les effectifs du corps expéditionnaire turc : « deux divisions d'infanterie, une brigade de cavalerie, une brigade d'artillerie, soit 12 à 15.000 hommes, que la Porte entretient avec les plus grands soins. Car ces troupes tripolitaines reçoivent régulièrement leur solde et sont nourries par d'abondantes rations[1] ».

Ce sont certes là de la part du Sultan des marques d'une prévoyance éclairée, puisque la flotte turque ne pouvant entrer en ligne de compte en cas de guerre avec une puissance européenne, la Tripolitaine se trouverait alors sans communications avec Constantinople et, par conséquent, réduite, pour sa défense, à ses propres forces. Telles qu'elles sont aujourd'hui, ces forces paraissent largement suffisantes pour tenir longtemps en échec l'envahisseur européen et celui-ci les aurait-il réduites, qu'il lui faudrait encore compter avec la haine des Arabes et des Berbères pour l'Étranger et le Roumi.

[1] Rapport de M. de Mathuisieulx, déjà cité.

L'Arabe de Tripolitaine est d'un fanatisme musulman intransigeant. Le Berbère, turbulent et farouche, qui vit dans les ksar des djebels, a un amour de l'indépendance qui lui a permis de repousser victorieusement les Arabes et de lutter contre la domination turque pendant plus de cinquante ans.

L'un et l'autre ne se voient aujourd'hui encore qu'avec méfiance; mais l'un et l'autre se grouperaient sans hésitation contre l'ennemi commun, le chrétien, qui voudrait attenter à leur religion ou à leur liberté. M. Morgari, envoyé récemment à Tripoli par *l'Aventi* pour étudier la situation, a déclaré à son retour que « la garnison turque se fera tuer jusqu'au dernier homme avant de céder la place, et que l'arrivée de l'infidèle aura pour effet immédiat de réconcilier Turcs, Arabes et Berbères ».

Les ambitions de Constantinople semblent même, dans ces derniers temps, ne plus se préoccuper uniquement de la défense de la seule Régence, mais avoir encore la prétention de faire œuvre de pénétration saharienne.

Les Turcs, qui s'étaient établis à Ghadamès vers 1840, à l'instigation du consul anglais Dickson, franchissaient en 1874 le Hamada el-Homra et venaient installer une garnison à Ghat; ils commandaient ainsi, sur la lisière du el-Erg et du Tassili des Azdjer, la route de caravanes qui relie Gabès et l'île de Djerba à Zinder et au Damerghou par les oasis de l'Aïr. Il n'est pas inutile de faire remarquer que cette occupation de Ghadamès et de Ghat est un véritable empiètement sur l'hinterland tunisien et qu'elle est des plus nuisibles pour le trafic commercial de Gabès, la concurrente de Tripoli.

A Ghadamès et à Ghat, dont les habitants, d'esprit très entreprenant, ont organisé le trafic transsaharien, se forment, en effet, d'importantes caravanes qui gagnent la région du Tchad ; elles reviennent dans ces oasis, une fois leurs échanges opérés, et cédant à l'attraction qu'opère sur les musulmans tout pays de même religion, désireuses aussi d'éviter de nouvelles fatigues, de nouvelles douanes, de nouvelles formalités, elles sont pour la plupart amenées à faire profiter de leur commerce Tripoli, où les conduit, dans un même courant d'idées et d'intérêts, la route de Sinaoun-Zintan.

Ainsi peut-on s'expliquer que Gabès et la Djerba, dont les débouchés sud ne nous appartiennent pas, aient perdu leur importance passée, au bénéfice de Tripoli, où aboutit en outre la route de pénétration directe par le Fezzan, Mourzouk et Bilma. C'est du reste sur cette dernière que se font actuellement la plus grande partie des transactions commerciales avec le Soudan, et en particulier avec le Kanem et le Ouadaï, ce qui en dérive à l'est sur Benghasi par la voie beaucoup plus longue et plus pénible du Borkou, de l'oasis de Koufra et d'Aoudjila n'ayant que peu d'importance.

Il ne faut pas s'exagérer ce commerce de la Tripolitaine avec le Centre africain; tombé en 1897 à 3,600,000 francs, il est remonté, en 1898, à 5 millions dont deux environ pour les importations (cotonnades, verreries, sucres, thés, etc.) et trois pour les exportations (plumes d'autruches, ivoires, peaux, etc.); depuis cette date, la situation troublée du Centre africain fit subir au commerce un abaissement progressif. Le gérant du consulat de France à Tripoli donne dans ses rapports de 1901 et 1902 des chiffres qui permettent de le constater et il ajoute : « C'est vers le Ouadaï que les caravanes continuent à se diriger le plus volontiers; la route est à la fois moins pénible et plus sûre ; mais la longue durée du trajet et les risques de toute espèce ont détourné le plus grand nombre des négociants du commerce caravanier. Ceux qui ne se sont pas découragés entendent du moins tirer de leurs entreprises des bénéfices importants. »

Il est possible que l'ordre, que notre présence fera certainement régner tôt ou tard dans les régions voisines du Tchad, rende quelque vitalité au commerce transsaharien, sans qu'il puisse, semble-t-il, retrouver son importance d'autrefois, — car il vivait surtout de la traite, — mais, quoi qu'il en soit, les Turcs tiennent à Ghat et Ghadamès, Mourzouk et Tripoli, Aoudjila et

Benghasi, les débouchés des trois grandes voies de ce commerce, et, de ces points, la pensée leur est venue de pénétrer progressivement, à la suite des caravanes, jusque dans le Kanem et le Ouadaï.

Dès 1899, on signalait « un vague mouvement panislamique africain, inspiré par les autorités turques de Tripoli, de Mourzouk, de Ghadamès et de Ghat[1] ». Le chef de la puissante et dangereuse confrérie des Senoussiâ, qui résidait à Djerboub, se serait transporté dans l'oasis de Koufra et, de là, dans l'Afrique centrale, pour y diriger l'action musulmane. Le capitaine Cazemajou, lors de son séjour à Zinder, signalait les menées des Senoussiâ et présentait le Ouadaï comme étant devenu « la forteresse de cette confrérie ». Puis c'était une série de faits isolés, dont l'ensemble et le rapprochement venaient montrer les intentions des Turcs : en mai 1900, une dépêche de Tunis annonçant qu' « un fort contingent de soldats turcs, accompagné de quarante chameaux chargés de munitions de guerre, avait été envoyé de Tripoli à destination du Fezzan, situé à vingt journées de marche au sud-ouest dans le Sahara » ; puis, en septembre 1901, l'organisation à Tripoli d'une « souscription pour recueillir l'argent nécessaire à l'achat de poteaux télégraphiques pour la ligne Tripoli-Fezzan » et l'assurance que « les travaux seraient activement

[1] Marcel Dubois et A. Terrier, *Un siècle d'expansion coloniale*, 1902, p. 488.

poursuivis » ; enfin l'annonce beaucoup plus grave et plus significative qu' « une troupe turque allait être détachée pour occuper Bilma, la capitale du Kaouar, sur la route directe du Tchad ».

Les tendances turques ne sont pas douteuses et il y a toujours tout à redouter, quand on est en pays musulman et que le Commandeur des Croyants y fomente des intrigues ; mais, jamais situation ne fut plus nette et plus solidement établie que la nôtre, tant au point de vue de la Tripolitaine proprement dite qu'en ce qui concerne son hinterland.

Nous sommes, depuis de longues années, en relations avec Tripoli même, relations tantôt tendues, lorsque d'Estrées, en 1685, et de Grandpré, en 1798, bombardaient cette ville, tantôt amicales, lorsque le bey faisait transmettre par voie de terre les correspondances entre le Directoire et Bonaparte, bloqué en Égypte par les croisières anglaises, et concluait en 1801 avec l'envoyé du Premier Consul un traité secret assurant aux Français la plus entière liberté entre la Régence et le Caire.

Aujourd'hui, sur 9 millions de marchandises importées dans le port de Tripoli en 1901, nous comptons pour 1.600.000 francs, dont la moitié environ de farines venant de Marseille ; sur 8 millions de marchandises exportées, la part de la France a été, cette même année, de 1.850.000 francs, celle de la

Tunisie de 330.000, et celle de l'Algérie de 235.000[1]. Quant à la frontière entre la Tripolitaine et la Tunisie, elle a été réglée par les accords franco-turcs de 1886 et de 1892, suivant une ligne conventionnelle tracée *jusqu'à Ghadamès seulement*; plus au sud, elle reste complètement indéterminée, sauf en ce qui concerne l'oasis de Ghat, où, comme nous l'avons dit, les Turcs sont installés depuis 1874.

Bien avant cette date, en 1856-1857, — alors que nous ne pouvions prévoir notre future installation en Tunisie, — les nécessités de l'expansion saharienne de l'Algérie nous avaient amenés à nous occuper de Ghat et de Ghadamès. Le capitaine de Bonnemain, parti d'el-Oued le 26 novembre 1856, arrivait à Ghadamès le 29 décembre de la même année et obtenait du gouverneur et des notables « la promesse de favoriser le courant commercial entre cette ville et l'Algérie ». En 1858, l'interprète militaire Ismayl Bou Derba se rendait à Ghat par el-Biodh et Temassinin. En 1860, Henri Duveyrier recevait, à Biskra, la mission « de nouer des relations commerciales avec les Azdjer »; il arrivait le 11 août à Ghadamès, en décembre à Ghat, y voyait les chefs touareg dont il s'efforçait de se concilier l'amitié, et rentrait à Tripoli par Mourzouk. Le 21 octobre 1862, le chef

[1] Rapports de M. L. Rais, déjà cités.

d'escadrons Mircher et le capitaine de Polignac, accompagnés de l'ingénieur de Vatonne, du docteur Hoffmann, de l'interprète Bou Derba, arrivaient à leur tour à Ghadamès, par Tripoli, Zintan et Sinaoun ; le 26 novembre, ils signaient avec les chefs des Touareg Azdjer, au nom du maréchal Pélissier, gouverneur général de l'Algérie, *un traité dit de Ghadamès* et une convention additionnelle ouvrant les marchés de l'Algérie aux Touareg, qui s'engageaient de leur côté à « protéger et faciliter, à travers leur pays et jusqu'au Soudan, le passage des caravanes françaises ou algériennes tant à l'aller qu'au retour ».

Ces missions et ces conventions sont bonnes à rappeler, parce qu'elles montrent quel intérêt nous avons toujours porté à la question de Ghadamès et de Ghat, et il ne faut pas oublier qu'aujourd'hui encore, si ces deux oasis sont occupées par les Turcs, « tout le pays ouvert, les points d'eau, les routes et les pâturages sont restés le domaine indivis de nos tribus tunisiennes, des Touareg et des bergers de Ghadamès et de Ghat, sans que jamais les Turcs aient pensé à y faire acte d'autorité... Si nous ne pouvons faire que les faits accomplis relativement à Ghadamès, Sinaoun et Derdj n'existent pas, nous ne devons pas du moins donner à ces faits une portée qu'ils n'ont pas, en reconnaissant aux Turcs, en dehors de ces points, une autorité qu'ils n'ont jamais exercée et qu'ils n'ont jamais pensé à réclamer[1] ».

Ainsi donc, au sud de Ghadamès, — et si l'on excepte l'enclave turque isolée de Ghat, — la frontière de l'Afrique française et de la Tripolitaine reste complètement indéterminée et il en est ainsi jusqu'au *tropique du Cancer*. Au delà, elle est réglée par la convention franco-anglaise du 21 mars 1899 : « au nord-est et à l'est par une ligne qui partira de l'intersection du tropique du Cancer avec le 16° long. E. de Greenwich (13°40′ E. de Paris), descendra dans la direction du sud-est jusqu'à sa rencontre avec le 24e degré de long. E. de Greenwich..., etc. ».

Cette clause *arrête au tropique du Cancer le maximum possible de l'hinterland de la Tripolitaine; plus au sud, nous sommes chez nous;* et, sous ce rapport, l'importance de cette convention est d'autant plus grande que, lorsque précédemment celle du 5 août 1890 reconnut la zone d'influence de la France au sud de ses possessions méditerranéennes jusqu'à une ligne de Say, sur le Niger, à Barroua, sur le lac Tchad, lord Salisbury, dans les débats qui eurent lieu dans les Chambres anglaises à ce sujet eut soin de faire connaître qu'il y avait eu entre les deux puissances un échange de communications, dans lesquelles il a été expressément mentionné que

[1] Commandant Robillot, *Les relations commerciales de la Tunisie avec le Sahara et le Soudan*, 1896.

« dans la convention, rien n'affecte ou ne vise à affecter les droits quelconques que la Turquie peut avoir dans les pays situés au sud de Tripoli ». C'est donc *sciemment et en toute connaissance de cause* qu'en visant le tropique du Cancer, la nouvelle convention de 1899 a rectifié et précisé celle de 1890.

On pourrait alléguer que la dernière conclue de ces deux conventions ne trace des limites à l'Afrique française qu' « au nord-est et à l'est » de la ligne indiquée dans ses clauses et que, par conséquent, elle n'a aucune valeur en ce qui concerne le nord et l'ouest, c'est-à-dire la partie comprise entre la dite ligne et Ghat. Mais, que vaudrait l'est, si nous n'avions pas route libre dans l'ouest ? A quoi nous serviraient le Borkou et le Tibesti, si nous ne pouvions y accéder que par le détour du Congo ? Prétendre pousser l'hinterland tripolitain jusqu'aux oasis de Bilma et sur le Tchad, c'est rendre sans valeur notre possession reconnue des régions au nord et au nord-est de ce lac, que nous avons payée de la cession du Bahr el-Ghazal ; c'est rendre illusoires l'œuvre et la jonction, si justement vantées, de nos trois grandes missions Afrique centrale, Foureau-Lamy et Gentil. En un mot, si la convention de 1899 n'avait pas pour corollaire, — évident et direct, — pour *corollaire minimum*, la liberté absolue de nos mouvements au sud du tropique du Cancer, autant vaudrait qu'elle n'existât pas ; car les principaux avantages qu'elle peut présenter pour nous seraient, de ce fait, presque entièrement annulés. Aussi nous associons-nous pleinement à ce que disait récemment le colonel Monteil : « Nul ne peut revendiquer les routes d'aboutissement au Tchad, attendu que nous avons fait assez de sacrifices pour les avoir. Sous aucun prétexte, il ne faut que la frontière sud de la Tripolitaine, délimitée par la convention anglaise de 1899, soit entamée et que nos possessions territoriales se trouvent ainsi modifiées. »

Si, du reste, la raison seule ne suffisait pas à faire saisir quelle doit être, en ce qui concerne l'hinterland tripolitain, l'interprétation exacte de cette convention de 1899, l'analyse des faits qui ont suivi sa promulgation montrerait, par leur tendance même, que se sont seuls mépris sur sa valeur ceux qui avaient intérêt à ne pas vouloir comprendre.

Les Turcs, auxquels le procédé du « fait accompli » a si bien réussi sur la frontière ouest à Ghadamès et Ghat, ont, semble-t-il, essayé de renouveler « le même coup » dans la zone sud. La Porte commença par vaguement protester contre la convention, puis, comme les droits dont elle pouvait faire état, paraissaient vraiment par trop chimériques, elle crut plus habile d'agir et de déployer dans le Fezzan et sur les pistes du Centre africain cette activité que nous avons signalée en fin 1899 et en 1900. Ses derniers projets sur Bilma marquent la plus hardie de ses tentatives et paraissent lui avoir valu de la part du gouvernement français des représentations, qui l'auront certainement ramenée à une appréciation plus conforme à la vérité de la situation dans l'Afrique du Nord.

Quant à l'Italie, qui porte depuis longtemps ses espérances sur la Tripolitaine, elle engagea des négociations avec l'Angleterre et la France, et, le 24 avril 1899, l'amiral Canevaro, ministre des affaires étrangères, disait au Sénat italien : « Les assurances qui ont été données établissent qu'il n'y a à redouter dans le présent ni dans l'avenir aucune entreprise de la France et de l'Angleterre contre la Tripolitaine ; que rien ne sera fait pouvant entraver les communications commerciales entre la Tripolitaine et les régions centrales de l'Afrique. » Depuis cette déclaration, — intentionnellement si vague en sa deuxième partie, — les faits ont marché. Un rapprochement entre la France et l'Italie, dont les fêtes de Toulon et des échanges de visite de la part des deux chefs d'État ont été la manifestation publique, a eu lieu et les Italiens n'ont rien négligé pour accroître leur situation et leur influence en Tripolitaine.

En 1897, sur 600 navires entrant annuellement à Tripoli, il y en avait 121 italiens, contre 271 turcs, 70 anglais et 53 français ; comme importance commerciale, cette même année 1897, l'Italie venait pour les importations, sur un chiffre total de 9.500.000 fr., en quatrième ligne avec 1.200.000 francs contre 2.600.000 à l'Angleterre et à Malte, 2.100.000 à la France et à l'Algérie-Tunisie, 1.600.000 à la Turquie, et, pour les exportations, sur un chiffre total de près de 10 millions de francs, en cinquième place avec 200.000 francs seulement contre 3.600.000 à la France, 3.500.000 à l'Angleterre, 800.000 à l'Amérique, 520.000 à la Turquie[1]. Or depuis lors, les rapports du consulat de France signalent l'accroissement du commerce italien et, entre autres, la concurrence acharnée faite par les farines de la péninsule à celles que nous expédions de Marseille en grande quantité. « Les 785 navires entrés à Tripoli en 1901 comptent 361 turcs, 173 italiens, 53 anglais, 50 français, etc... Dans le mouvement des affaires, les Italiens tiennent aujourd'hui le premier rang pour divers articles dont ils s'occupaient à peine avant 1897, etc... »

On sait aussi que Benghasi s'est trouvé pourvu d'un bureau de poste italien et surtout que la grande Compagnie de navigation Florio-Rubattino a établi au commencement de 1900, pour une durée de dix ans, grâce à une large subvention de son gouvernement, un service périodique de vapeurs partant de Gênes tous les huit jours et desservant Naples, Reg-

[1] Statistique de M. L. Rais, gérant du consulat de France à Tripoli.

gio, Messine, Catane, Syracuse, Malte, Tripoli, Misrata, Benghasi, Derna et la Canée ; cette compagnie, grâce à des arrangements habiles, a pu supplanter les bâtiments des armateurs anglais de Malte et n'a plus guère comme concurrente que la ligne française de la Compagnie de navigation mixte Touache, dont les paquebots partent de Marseille, également tous les huit jours, et s'arrêtent dans tous les ports tunisiens avant de toucher en Tripolitaine.

Les Turcs, qui craignent que cette invasion de bateaux et de bureaux de poste ne serve de prélude à l'invasion militaire, ont pensé à lutter, d'abord sur le premier point, en prolongeant jusqu'en Tripolitaine et en Cyrénaïque les services maritimes « qu'ils ont établis et qui fonctionnent, assure-t-on, très convenablement, entre Constantinople, l'Archipel, l'île de Rhodes et la Crète [1] ».

Leur situation ainsi accrue sur la côte barbaresque et leurs relations avec la France devenues d'autre part plus amicales, les Italiens ont jugé le moment venu de reprendre la déclaration Canevaro et de faire connaître à l'Europe leurs intentions. Le 14 décembre 1901, le ministre des affaires étrangères, M. Prinetti, examinant la situation créée en Tripolitaine par la résistance que faisaient les populations à l'application des réformes du sultan, prononçait devant la

[1] *Bulletin du Comité de l'Afrique française,* septembre 1900, p. 317.

Chambre italienne les paroles suivantes : « Le gouvernement de la République a eu soin de nous informer que la convention franco-anglaise du 21 mars 1899 fixait pour la France, en ce qui concerne la région contiguë à la *frontière orientale de ses possessions africaines, et précisément le vilayet de Tripoli, province de l'Empire turc*, une limite qu'elle n'avait aucune intention de franchir, ajoutant qu'il n'était pas non plus dans ses projets d'*intercepter la voie des caravanes, qui conduisent de la Tripolitaine au centre de l'Afrique.* » Cette déclaration n'est, disions-nous, qu'une reprise de celle faite en avril 1899, donc bien avant les fêtes de Toulon, par l'amiral Canevaro ; elle est tout aussi vague en ce qui concerne les routes commerciales du Centre africain, mais plus nette, en sa première partie, puisque, en admettant que la convention du 21 mars 1899 a fixé les limites du vilayet de Tripoli, elle reconnaît implicitement que ce vilayet ne peut pas s'étendre au sud, au delà du tropique du Cancer.

La question se trouve ainsi décomposée en ses différentes parties. En ce qui concerne, en effet, la Tripolitaine proprement dite, c'est affaire entre l'Italie et la Turquie et, sous certains rapports, l'Europe. Pour notre part, la présence des Italiens entre Tripoli et Ghadamès ne saurait nous porter préjudice grave ; elle ne serait même, sans doute, ni une gêne ni un danger. Autre chose était de la Tunisie, d'où non seulement on entre de plein pied en Algérie, mais d'où l'on commande aussi le seul passage praticable aux gros navires, entre le cap Bon et l'île Pentallaria, du bassin occidental dans le bassin oriental de la Méditerranée. Autre chose est encore aujourd'hui du Maroc, sorte de prolongement de l'Algérie. Du vilayet de Tripoli, au contraire, on ne peut que difficilement menacer la Tunisie couverte au sud par la ligne des chotts.

Reste à savoir, pour le cas où les Italiens s'installeraient sur la côte barbaresque, ce qu'ils entendent par ces expressions si peu précises d' « *interception des voies commerciales du Centre africain* ». Il ne peut s'agir pour eux — nous l'avons amplement démontré — pas plus du reste qu'il ne s'est agi pour les Turcs, de s'installer sur un point quelconque de la zone de l'Afrique française comprise au sud du tropique du Cancer. Veulent-ils dire alors que nous laisserions librement circuler leurs convois et leurs marchandises sur les pistes de Mourzouk au Tchad ou de Benghasi au Borkou ? Nous pouvons répondre que, sous ce rapport, nous n'aurions qu'à maintenir notre façon de faire actuelle ; nous ne pouvons qu'encourager et faciliter le trafic des caravanes, puisque nous sommes maîtres du Centre africain et que notre intérêt est d'y développer le commerce.

Prétendent-ils au contraire à des avantages plus grands, dans la région au nord du Tchad ? Ce serait alors chose à discuter ; le 21 mars 1899, l'Angleterre et la France se sont concédé mutuellement l'égalité du traitement commercial depuis le Nil jusqu'au lac Tchad ; nous pourrions, le cas échéant, conclure avec les Italiens une même convention de réciprocité entre ce lac et Tripoli. De toutes façons, il y a un point que nous ne saurions oublier, c'est celui qui concerne les oasis de Ghadamès et de Ghat.

Ces oasis dépendent naturellement de l'hinterland tunisien. Les Turcs, en les occupant, coupent la route de Gabès à l'Aïr et à Zinder, dont nous tenons les deux extrémités ; mais les territoires qui les avoisinent restent complètement indépendants d'eux et indivis entre nos tribus tunisiennes. Si donc les Italiens venaient, un jour ou l'autre, à se substituer aux Turcs en Tripolitaine, il ne s'ensuit pas que nous devions nécessairement leur reconnaître la possession de Ghat et de Ghadamès ; bien au contraire, cette éventualité nous amènerait à revendiquer la possession intégrale des routes de la Tunisie au lac Tchad, qui historiquement, politiquement et géographiquement, doivent faire partie de notre domaine de l'Afrique du Nord.

LA QUESTION MUSULMANE

DANS LE CENTRE AFRICAIN

De tous les obstacles qu'a rencontrés notre expansion en Afrique, le plus puissant, le plus continu qui se soit dressé devant nous, est sans contredit celui que nous a opposé l'Islam. A la fois dogme religieux et instrument d'action politique, le mahométisme nous a combattus par la force, chaque fois qu'il en a eu les moyens; puis, lorsque les résistances ont dû céder devant nos armes, il a substitué à la lutte ouverte une opposition sourde, une guerre d'influence et de prosélytisme qui entretient soigneusement dans l'esprit des musulmans l'espoir que quelque jour le Prophète chassera de la terre sacrée l'infidèle maudit. Enveloppant de l'immense réseau de ses confréries tout le Nord et l'Ouest africains, il a donné aux populations sédentaires ou nomades le lien que ne pouvait leur assurer l'absence de tout sentiment de nationalité, lien religieux d'autant plus redoutable qu'il s'établit lentement, progressivement, en notre présence même, sans qu'il nous soit toujours possible d'en saisir l'étendue et les ramifications.

Que l'on prenne une carte d'Afrique, où l'on aurait teinté en noir les pays de religion musulmane, et l'on aura du même coup les zones où nous avons dû dépenser le plus d'efforts. En Algérie, il nous a fallu près d'un demi-siècle pour briser les résistances. Au Sénégal, quand Faidherbe a voulu déboucher de Dakar et de Saint-Louis dans le Cayor, il lui a fallu réduire les Toucouleurs, disciples fanatiques du Prophète. Au Soudan, notre pénétration s'est heurtée aux agglomérations musulmanes qui en jalonnent le nord — sédentaires de Bakel, de Nioro, de Sokolo et de Tombouctou, Maures et Touareg des steppes de la lisière du désert — ou à celles qui, du Fouta-Djallon et de Timbo, rejoignent les premières vers Tombouctou, en une longue coulée le long du Niger.

Et encore, l'orgueil et les sentiments musulmans sont-ils tels en certaines régions que notre autorité n'y semble pas profondément ancrée, bien qu'elle y soit officiellement reconnue. Les nomades du nord, même lorsqu'ils ont fait leur soumission, les Peuhls de Ségou, les Toucouleurs du Cayor, les groupes de mêmes races qui vivent dans les fertiles vallons du Fouta-Djallon, témoignent, tout au moins par l'arrogance de leur attitude, de leur mépris pour le « chien » qu'est à leurs yeux le chrétien.

Dans les pays fétichistes au contraire, chez les Bambaras et les Malinkès du Bafing, du Baoulé et du Bakoy, aussi bien qu'au Gabon et dans le Bas-Congo, notre installation a pu se faire d'une façon pour ainsi dire pacifique, sans grandes expéditions, et elle s'y maintient, malgré l'immensité des territoires occupés, avec des moyens et des effectifs absolument rudimentaires.

Aujourd'hui, nous sommes arrivés sur les bords du Tchad, dont les trois grandes missions Afrique centrale, Foureau-Lamy et Gentil nous ont ouvert la voie en 1899-1900, et à peine y avons-nous pris pied que les difficultés recommencent.

Le 22 avril 1900, le sultan Rabah est battu et tué à Koussri. Son fils Faled Allah perd lui-même la vie dans les combats qu'il nous livre en février 1901. Nos troupes jalonnent le Chari, la rive orientale du lac et poussent des reconnaissances dans le Kanem et le Ouadaï que nous a concédés la convention anglo-française du 21 mars 1899. Le 9 novembre 1901, à la zaouïa senoussiste de Bir Alali, au nord de Mao, les 200 tirailleurs du capitaine Millot sont assaillis par 2.500 Senoussistes. Le capitaine est tué au cours de l'action. Le 1er décembre suivant, nouveau combat à N'Gouri (près Mondo) ; le 20 janvier 1902, le colonel Destenave enlève les retranchements de la zaouïa de Bir-Alali, que les Senoussiâ essaient en vain de nous reprendre le 4 décembre suivant. Des postes sont installés sur la lisière du Ouadaï et du Kanem, en bordure du Tchad, à Dagana, N'Gouri (Fort-Millot), Mao, Bir-Alali (Fort-Pradié).

Nous sommes, en effet, en pénétrant dans le Centre africain, entrés en pays de pleine activité musulmane et notre expansion de l'ouest vers l'est vient s'y heurter à l'expansion en sens inverse de la puissante confrérie des *Senoussiâ*. Que sont ces Senoussiâ, avec lesquels les circonstances nous ont amenés à prendre un peu brusquement contact ? Quelle ligne de conduite paraît-il opportun d'adopter vis-à-vis d'eux ? *La question musulmane* qui se pose actuellement sur les bords du Tchad semble être de celles qui exigent, par la complexité et l'étendue possible de leurs conséquences, toute notre réflexion et toute notre sagacité.

Senoussi est un nom bien connu dans le sud de l'Algérie-Tunisie ; car, à tort ou à raison, — et bien que nous n'ayons eu jusqu'alors que des rapports fort éloignés avec les Senoussiâ, — il a jusqu'ici presque universellement signifié l'opposition irréductible, l'ennemi intransigeant, celui qui conseille « aux fidèles d'émigrer plutôt que de subir le joug du Chrétien. »

Fondé par le cheik Si Mohammed ben-Ali's Senoussi vers 1830, le Senoussisme, malgré l'opposition des représentants officiels de l'Islam, ne cessa de voir croître son influence. A Bou Saada, Ouargla, Tunis,

Kairouan, Gabès, Tripoli, au Caire et à la Mecque, partout où il passa, pendant ses longues pérégrinations, le cheik Si Mohammed prêcha et recruta des adhérents; mais, partout aussi, son zèle réformateur lui attira l'inimitié du clergé musulman. Obligé en 1843 de s'éloigner de la Mecque, il s'installait à la Zaouïa Blanche, dans le djebel Akhdar, au voisinage de Derna et de Benghasi, couvrait de zaouïas « tout le pays, des Syrtes au Soudan, de l'Égypte au Touat », venait en 1855 résider au centre de son empire, dans l'oasis de Djerboub [1], qu'il transformait par d'immenses travaux de cultures et où il mourait en 1859. L'aîné de ses deux fils, El-Mahdi, dont des nouvelles récentes ont annoncé la mort, prenait sa place à la tête de l'ordre.

Les années suivantes, — et sans interruption jusqu'à aujourd'hui — les progrès des Senoussiâ dans le désert, vers les rives du Tchad et le Centre africain, vont s'accentuant; de nombreuses zaouïas couvrent le pays des Tibbou, le Borkou, le Kanem, le Ouadaï; d'autres se créent plus au sud dans le Baguirmi; le prosélytisme tend même à gagner le Bornou, le Damerghou et la région de Tombouctou. El-Mahdi règle sur le développement de son empire les déplacements de sa résidence principale. Son frère Mohammed ech-Chérif conserve l'administration de l'oasis

[1] Entre Benghasi et le Caire.

de Djerboub. Quant à lui, il se transporte en 1895 à Koufra[1], en 1899 à Gouro (est du Borkou), où il se trouve dès lors dans la zone d'influence française; on le signale même vers le milieu de 1900, comme voyageant au sud-ouest de Gouro dans la direction d'Abécher, en plein Ouadaï. Entre temps un khalifa a été installé dans le Kanem.

On ne paraît pas actuellement plus fixé sur les intentions du cheik qui vient de succéder à El-Mahdi qu'on ne l'était sur celles de ce dernier : les écrivains qui semblent les mieux informés émettent à ce sujet des opinions qu'il est intéressant de noter. Les uns disent que les Senoussiâ, représentants d'une sorte d'«impérialisme» musulman, poursuivent, avant tout, une œuvre de panislamisme; les autres, qu'ils accomplissent pacifiquement une « véritable mission coloniale » et, à l'appui de leur affirmation, ils montrent les oasis se fertilisant, les communications devenant plus faciles et plus sûres grâce aux zaouïas, dont les bâtiments forment sur les pistes gîtes d'étapes, et dont les prêtres sont des sortes d'arbitres, réglant les différends et apaisant les conflits. Dans une étude publiée en 1902 par un journal arabe, *El Hadira* de Tunis, le musulman Mohammed el-Hachaïchi, qui a longtemps voyagé dans le Soudan et « vu de ses yeux les choses dont il parle », affirme nette-

[1] Sur la piste de Benghasi au Tchad par Aoudjila et le Borkou.

ment que « les Senoussiâ regardent la politique comme un domaine qui leur est interdit, leur règle étant de ne s'occuper que de choses religieuses. » « Jamais, dit el-Hachaïchi, le cheik Senoussi n'a songé à entamer une lutte directe contre les chrétiens, pas plus qu'à fomenter une insurrection contre eux en réveillant les passions assoupies. »

Par contre, tous les avis sont unanimes lorsqu'il s'agit de reconnaître l'autorité absolue du cheik, directeur de l'Ordre, l'immensité de son influence, l'organisation remarquable, la centralisation serrée de la confrérie, dont un service de courriers relie entre elles les différentes zaouïas.

Il est donc hors de doute que les Senoussiâ constituent une puissance formidable, admirablement dans la main du chef. Voilà pour l'instant le point à retenir. Quant aux intentions de ce chef, le fait qu'il colonise et pacifie là où se rendent ses mokaddems ne prouve rien contre le rêve de panislamisme qu'on lui a prêté. Son œuvre de colonisation ne va pas sans une œuvre de prosélytisme ; les deux marchent de pair, comme c'est la coutume dans le monde de l'Islam. Les musulmans n'envoyent pas en effet ostensiblement des représentants officiels de leur culte dans les pays qu'ils veulent convertir ; leurs premiers émissaires sont des marchands, et c'est dans les caravanes que se glissent les marabouts qui, le soir venu, sur la place du village ou dans les campements de tribus, disent, au milieu des cercles de palabres, les légendes, les récits qui font connaître leur cheik et le proposent peu à peu, sans intention apparente, par une sorte de foi communicative, à la vénération des fidèles; et, d'autres suivent ensuite qui reprennent la tâche commencée, deviennent plus pressants, plus convaincants, s'adressent au naïf orgueil de l'indigène et finalement l'amènent à s'affilier à la secte toute-puissante.

C'est là du prosélytisme sans violences, bien différent de celui en masses et à mains armées, mais tout aussi fructueux pour la religion et la puissance musulmanes et tout aussi dangereux pour l'expansion européenne. Qui dit, du reste, que lorsque ce prosélytisme colonisateur se sentira arrêté et menacé par les chrétiens — qui eux aussi colonisent et pacifient, mais d'après d'autres principes, — qui dit qu'il ne recourra pas à la force pour briser les obstacles qu'on lui opposera et qu'alors il n'entraînera pas dans un immense soulèvement tous ses adeptes contre l'ennemi commun? Deux forces qui se heurtent — fussent-elles également colonisatrices — restent toujours deux forces dont l'une tend fatalement à absorber l'autre et pourquoi veut-on que les Senoussistes se conduisent mieux envers les Européens que les Européens entre eux?

Jusqu'alors, ils n'ont eu que peu de contacts avec l'Europe. Lors de notre débarquement en Algérie, le cheik fondateur, Si Mohammed, a violemment prêché contre nous, tant à Bou Saada et Ouargla qu'à Tunis. Depuis, on a cité, soit de lui, soit de son fils, maints cris de haine contre les chrétiens ; on a prétendu, sans le démontrer, que les Senoussiâ n'étaient pas étrangers aux massacres des Pères Blancs, de Mlle Tinné, de Flatters, de Palat. On doit par contre se rappeler que, dans la traversée du Sahara, Monteil a reçu des Senoussiâ une aide fort utile ; que, plus récemment, en 1897-98, M. Withe a été admis dans l'oasis senoussienne de Siouâ ; que surtout, en 1885, le mahdi Mohammed Ahmed, qui marchait à la tête des derviches égyptiens, ne put obtenir aucun secours du cheik El-Madhi, bien qu'il lui eût envoyé à Djerboub des émissaires chargés de présents. Mais depuis, Khartoum est tombé, le Kanem et le Ouadaï sont parcourus par des Européens ; les Senoussiâ sont au contact des chrétiens, c'est-à-dire en présence directe de principes et d'intérêts opposés aux leurs.

Il est bon de dire — car ceci est peut-être l'élément le plus important de la question — qu'ils se sont également trouvés, et se trouvent probablement encore, en opposition plus ou moins déclarée avec le monde officiel de l'Islam. Le créateur de la confrérie, Mohammed, était un réformateur, un *schismatique* même, « prêchant le retour aux coutumes des premiers âges de l'Islam, c'est-à-dire aux âges antérieurs aux fondateurs des rites », et « interprétant le Coran, sans l'intermédiaire de l'un des quatre imans orthodoxes ». Les musulmans le considèrent, pour ainsi dire, comme le « créateur d'un cinquième rite ». Aussi, à Tunis, au Caire, à la Mecque, Si Mohammed fut-il désavoué et obligé de quitter successivement chacune de ces villes ; de là, chez le cheik, une haine farouche contre les Turcs et ces paroles significatives : « Les Turcs et les chrétiens sont de la même farine ; je les briserai du même coup. »

Les Senoussiâ semblent être restés ce qu'était le cheik fondateur. Leurs rapports avec les Turcs se sont-ils modifiés ? Sur ce point encore, les opinions les plus contradictoires ont été exprimées.

Il est incontestable que si Constantinople se montre résolue à ne pas abandonner la Tripolitaine, c'est surtout parce que la Régence reste sur la côte africaine « la seule porte qui lui permette encore d'accéder à l'immense agglomération musulmane du Centre africain et d'y maintenir son influence religieuse ». Il paraît non moins certain que le Commandeur des Croyants a fait quelques tentatives pour se rapprocher du chef de la puissante confrérie des Senoussiâ. Il aurait, dit-on, envoyé en 1900 une ambassade à El-Mahdi, à Gouro, pour examiner avec lui les conséquences de la convention anglo-française du 21 mars 1899 et lui proposer une action commune contre nous dans le Centre africain ; ses essais de prise de possession de l'oasis de Bilma, sur la piste du Fezzan au Tchad, en pleine zone d'influence française, n'auraient été qu'un premier jalon, qu'une première étape de la marche des Turcs à la rencontre des Senoussiâ. Après les échecs que nos troupes infligèrent, à Bir Alali, aux bandes d'El-Mahdi, en janvier 1902, celles-ci auraient reçu de Benghasi des fusils à tir rapide. La prise même de Bir Alali aurait fait tomber entre nos mains une nombreuse et instructive correspondance prouvant qu'un des lieutenants d'El-Mahdi « avait ourdi contre nous des intrigues tendant à nous chasser du Centre africain ».

Dans les milieux coloniaux français et anglais, ces nouvelles avaient ému les esprits. On demandait au gouvernement français de faire des représentations à la Porte au sujet de ses projets sur l'oasis de Bilma. La *West Africa* et l'*Economist* de Londres montraient les dangers que ferait courir à la Nigéria septentrionale et même à l'Égypte « l'action du chef de la secte la plus puissante de l'Afrique, appuyée sur celle du Commandeur des Croyants ». « Si les intrigues des Turcs sont jetées dans la balance et si une soi-disant communauté d'intérêts doit triompher des différences de doctrines et amener une alliance entre la Turquie en Afrique et les Senoussiâ, le péril serait pressant. Dans toutes les représentations que la France sera appelée à faire auprès du sultan à la suite de l'envoi des troupes turques dans l'hinterland tripolitain, elle doit avoir l'appui de notre Foreign Office... Le Senoussisme doit retrouver son propre niveau et continuer d'être ce qu'il a été jusqu'ici, une force purement spirituelle[1] ».

Mais depuis, l'émotion s'est calmée ; la situation a été appréciée de façon moins pessimiste... Des émissaires envoyés dans les zaouïas senoussiennes ont rapporté que « jugeant inutile de prolonger la lutte contre les Français, le pontife aurait décidé d'abandonner Gouro pour aller fonder ailleurs une mosquée métropolitaine ». La Porte démentit officiellement l'envoi de troupes dans l'oasis de Bilma. On apprit en même temps que l'ambassade turque de Gouro serait revenue, sans avoir pu opérer le rapprochement espéré ; l'indépendance très susceptible d'El-Mahdi aurait même pris ombrage de l'initiative du sultan.

De fait, il semble logique qu'un cheik qui est un chef de secte religieuse et représente dans l'Islam un rite spécial, *base de toute sa puissance*, ne puisse, sans trahir le dépôt qu'il a reçu et perdre du même coup toute son influence, entrer en composition avec les représentants officiels de la doctrine orthodoxe, qui ont frappé lui et les siens d'une sorte d'excommunication. Aussi, nous ne pensons pas que Turcs et Senoussiâ puissent oublier en un jour ce qui les a

[1] *West africa* (avril 1902).

si profondément divisés depuis plus de soixante-dix ans. Peut-être seraient-ils amenés par les circonstances à agir en Afrique, à un moment donné, d'une façon parallèle ; mais nous croyons, que ce serait indépendamment les uns des autres et surtout sans que les uns consentissent jamais à être subordonnés aux autres.

Les Senoussiâ se présentent donc à nous comme des *Musulmans dissidents*, dont les intérêts sont évidemment opposés aux nôtres, mais que rien ne nous autorise à considérer comme des ennemis irréductibles ; car, ce que l'on a dit à ce dernier point de vue semble résulter d'opinions préconçues plutôt que de faits d'hostilité réelle, et même les derniers combats de Mao, de Mondo et de Bir Alali peuvent parfaitement n'être que la conséquence de malentendus inévitables en de si délicates prises de contact.

Nous ne pensons pas que ces combats soient de nature à engager l'avenir et doivent forcément nous imposer une politique d'action violente. Du reste, à quelles difficultés ne se heurteraient pas des expéditions militaires lancées dans les immensités de l'est du Tchad, au milieu de populations la plupart à demi nomades? Que de temps, que de sacrifices n'exigerait pas un semblable système et encore, en admettant même que nos troupes parvinssent à atteindre assez rapidement les limites est et nord-est de la zone française, comment maintiendraient-elles, hors de cette zone, les Senoussiâ, qui y garderaient cependant toute leur influence et conserveraient à leur entière disposition tous les territoires en dehors? Les résultats que l'on obtiendrait ainsi sembleraient bien illusoires et peut-être n'auraient-ils pour effet que de rapprocher les Senoussiâ de la Porte et d'en faire, entre les mains du sultan ou même des Anglais, de puissants instruments d'intrigues et de troubles contre nous.

Nous n'accepterions donc l'emploi de la force — en tant que *système* — contre les Senoussiâ, que si nous acquérions la conviction que tout autre moyen d'action reste sans effet ou, du moins, estimons-nous qu'ici, comme du reste partout ailleurs en pays musulman, — mais avec plus de circonspection encore — nous ne devons frapper que pour appuyer, en cas de nécessité, les efforts de notre politique, pour montrer, en un mot, que « nous pouvons lorsque nous voulons ».

A notre avis, toute notre politique en face des Senoussiâ doit s'inspirer de ce fait que ceux-ci sont des *Musulmans dissidents*, séparés de Constantinople par un *schisme* plus grave que les différences de races, de religion ou d'intérêts, qui les éloignent de nous. Les haines entre frères sont les plus rares, mais aussi les plus tenaces. Bonaparte a laissé en

Égypte d'impérissables enseignements sur ce que l'on peut obtenir des rivalités entre Mahométans habilement exploitées ; et pourtant, lorsqu'il entra à Alexandrie, il ne trouvait pas, à ce point de vue, une situation aussi éminemment favorable que celle qui nous est offerte sur les bords du Tchad ; mais tous ses efforts tendirent à la créer et, lorsqu'il dut quitter l'Égypte, il y était presque parvenu.

Rappelons-nous les principaux de ses actes ; nous les sentirons inspirés tous par une même pensée directrice : opposer, en religion et en politique, Le Caire et la Mecque à Constantinople ; séparer de la Porte le monde musulman, le grouper sous l'égide de la France, protectrice zélée de la religion du Prophète. Ses proclamations, ses instructions, ses conversations avec les ulémas du Caire, ses lettres et ses présents aux chérifs de la Mecque, sa présence officielle aux fêtes de Mahomet, sa protection largement accordée aux établissements du culte, aux caravanes de pèlerins, le soin qu'il prend lors de la campagne de Syrie d'annoncer qu'il conduit les Égyptiens contre les Turcs, l'habileté qu'il montre en faisant placer dans la mosquée du Caire les étendards ottomans pris à la bataille du Mont-Thabor, ses relations suivies avec les beys de Tripoli et de Tunis, avec l'empereur du Maroc, tout concourt à faire pénétrer dans l'esprit de tous, qu' « il aime le Prophète et sa religion... ; que le Caire, Médine, la

Mecque sont les seules villes saintes et leurs savants, les seuls réellement savants ; que, si Mahomet revenait sur la terre, c'est dans l'une de ces villes et non à Constantinople qu'il établirait sa résidence ; que les Arabes ont été un grand peuple et que ce peuple doit revivre ; que les Turcs sont des dégénérés, de faux musulmans, qui ont violé les préceptes du Prophète..., etc., etc. »

Certes, si Bonaparte eût eu à sa disposition en Égypte une confrérie *schismatique*, comme celle des Senoussiâ, une confrérie indépendante et peut-être ennemie du Commandeur des Croyants, de quelles attentions, de quels privilèges ne l'eût-il pas comblée ? Car elle lui aurait donné l'appui qu'il cherchait pour l'exécution de son fécond et génial projet, et cet appui eût été naturel, issu du plus profond du monde musulman !

Les éblouissantes victoires de Bonaparte dans la vallée du Nil lui permettaient d'inaugurer cette *politique musulmane*, faite autant d'énergie et de décision que de modération, de générosité et de patience. Aujourd'hui, nous arrivons sur le Tchad avec au front assez de lauriers pour reprendre les mêmes principes d'action, sans que notre conduite puisse être suspectée de faiblesse ou de pusillanimité et sans que les Senoussiâ puissent y voir autre chose qu'une sage compréhension de leurs intérêts et des nôtres. Et du reste, n'avons-nous pas à notre disposition tous les moyens nécessaires pour faire, s'il était utile, acte immédiat de vigueur ?

Il ne s'agit pas dans notre esprit de nous présenter demain aux Senoussiâ avec un *plan complètement arrêté d'avance*. Ce serait folie, surtout en pays musulman, dans ces régions si éloignées et à peine connues. Nous voudrions seulement que l'on considérât que la France est une *grande puissance musulmane ;* que son intérêt est de réunir sous son égide, en dehors de Constantinople, les différents groupes mahométans de son empire africain ; qu'elle doit à cet effet se déclarer la protectrice active de ces groupes, aussi bien au point de vue religieux qu'au point de vue politique ; nous voudrions qu'on ne laissât pas échapper l'occasion si favorable que nous offre sous ce rapport notre entrée en relations avec les Senoussiâ.

Voilà l'idée générale, l'idée directrice, dont la mise en application n'a rien d'absolu et dépend au contraire des circonstances, des renseignements que nous pourrons recueillir. Orientons-nous ; envoyons à Gouro des émissaires ; sondons les intentions du chef de la puissante confrérie et faisons-lui connaître les nôtres. Montrons-lui les Turcs, persécuteurs de ses aïeux et de sa secte, constituant pour lui et ses affiliés un véritable danger, s'ils viennent à s'installer à Bilma et dans le sud de l'hinterland tripolitain ; déléguons-lui, s'il le faut, des chefs musulmans de nos possessions, qui l'assureront de notre profonde déférence pour toutes les choses du Coran et lui affirmeront que l'on peut être à la fois un bon mahométan, observer strictement ses devoirs religieux et vivre en parfait accord avec nous; disons-lui notre ferme volonté de respecter la prospérité de ses oasis et de ses fondations, les coutumes et les mœurs de ses adeptes; affirmons-lui notre admiration pour son zèle réformateur; rappelons-lui qu'il y a déjà plus de cent ans l'armée française défendait en Égypte la véritable religion du Prophète contre les usurpateurs de Constantinople; apprenons-lui que le gouvernement français vient de décorer de la Légion d'honneur un des siens, le cheik sidi Ahmed Ouled Cheik Charef ben Tekouk, mokaddem des Senoussiâ à la zaouïa algérienne des Ouled-Cheffa; convainquons-le des avantages que notre amitié procurera autant à l'œuvre colonisatrice qu'il poursuit qu'au rite religieux dont il est le saint représentant.

Notre situation dans l'Afrique centrale nous permet d'essayer, sans danger, cette grande tâche.

Installés sur la ligne fortifiée du Chari et du Tchad, dont nous pouvons au besoin prolonger les postes vers le nord, nous y possédons une base d'action offensive et défensive également efficace; maîtres de cette coupure, nous sommes en mesure d'aider ou de considérablement gêner les relations entre les zaouïas senoussistes, de porter, le cas échéant, aux Senoussiâ de rapides et vigoureux coups, d'appuyer ainsi notre argumentation pacifique de faits qui leur prouvent ce qu'ils ont à gagner ou à perdre en acceptant ou refusant notre amitié.

Que de difficultés ne pourrions-nous pas aussi leur créer, en jouant contre eux de l'appui que nous donneraient les confréries — leurs rivales — des *Kadria* et des *Tidjania*, mais en en jouant, bien entendu, avec prudence ; car ce ne serait là qu'un moyen d'action temporaire, le but final, le but fécond, restant, à nos yeux, la réunion de tous les groupes musulmans de notre empire africain sous notre *unique* direction.

LA CONQUÊTE DU NIL

De toutes les questions dont eut à s'occuper l'accord franco-anglais du 8 avril 1904, la vieille « question d'Égypte », qui a déjà fait écrire tant de pages et provoqué tant de conflits, semble être celle dont le règlement a le plus vivement ému notre sens national.

La précédente convention du 21 mars 1899 s'était attachée à tenir soigneusement de côté tout ce qui concernait l'Égypte proprement dite et le Nil moyen.

L'Angleterre, si intransigeante sur la question du Bahr el-Ghazal et du Soudan égyptien, avait admis ces réserves et notre diplomatie n'était pas loin de considérer comme un succès d'avoir pu, par cette restriction, maintenir intacts, au milieu des difficultés de Fachoda, les droits séculaires de la France sur les bords du Nil.

C'est que la France, bien que, depuis trente ans, elle se soit appliquée à chercher plus qu'autrefois les résultats positifs, n'a rien perdu de son antique caractère chevaleresque, épris de gloire et d'idéal, sensible aux blessures d'amour-propre. Elle n'ignore pas les richesses de la vallée du Nil, l'importance de la route mondiale du canal de Suez; mais elle oublie encore moins les souvenirs de bonne et mauvaise fortune que lui rappelle la terre des Pharaons.

Les Anglais, habiles psychologues et politiques utilitaires, se sont rendu compte qu'en pareille matière le « donnant donnant » était la seule forme sûre et féconde de transaction durable.

M. Harris, le correspondant du *Times* à Tanger, l'avait clairement exposé dès octobre 1903 dans un article de la *National Review* : « Pour bien des raisons, écrivait-il, le Maroc est un champ fermé pour l'Angleterre. Mais cela ne doit pas nous empêcher de permettre à la France, avec laquelle nous sommes heureusement en si bons termes, d'entreprendre une œuvre de progrès et de civilisation. Notre ministre des Affaires étrangères sait sans doute fort bien *ce qu'il doit demander à la France ailleurs, en échange de la reconnaissance de la mission de cette puissance au Maroc.* »

C'était exprimer ainsi ce qui devait être l'idée directrice de la solution apportée par l'accord du 8 avril au délicat problème des bords du Nil. Nous avons cédé sur l'argent; nous nous sommes engagés « à ne pas entraver l'action britannique par la demande de fixer un terme à son occupation[1]. » Mais est-ce assez pour que l'Angleterre puisse se considérer comme maîtresse absolue en Egypte ? Sa liberté d'action dans les régions mêmes du Delta et du Bas-Fleuve n'est-elle pas subordonnée à d'autres éléments indépendants de cet accord et n'est-ce pas plus haut, vers le Haut-Nil et les Grands Lacs dont il est issu, que l'Angleterre doit porter son attention, si elle veut assurer le plein épanouissement et la durée de son œuvre ?

L'Égypte n'existe que par le Nil. Elle est un « don du Nil », écrivait Hérodote. « La victoire et le débordement du Nil sont deux bienfaits que n'accorde que le ciel », proclamaient en 1798 les rapports arabes.

Les imaginations européennes ont été frappées par l'exubérante fertilité du Delta, par la prospérité de ses grandes villes, Alexandrie et le Caire. Elles se sont enflammées au glorieux souvenir de l'occupation française : Desaix opérant sur le seuil de la Nubie paraissait perdu dans le lointain des sables. Le Delta si riche semblait toute l'Égypte ; son importance s'accroissait bientôt de l'ouverture du canal de Suez. Commander au Caire, c'était régner sur le Nil.

Mais, peu à peu, se précisaient les conditions du régime du fleuve. Les explorateurs se jetaient à la découverte, remontaient vers l'amont, abordaient

[1] Déclaration du ministre des Affaires étrangères (Chambre des députés. Séance du 10 novembre 1904).

l'Ouganda; les sources du Nil étaient découvertes, son cours déterminé.

De Khartoum au Caire, rien ne vient alimenter le fleuve. Le Nil charrie à travers les sables et apporte chaque année aux sept branches du Delta 120 milliards de mètres cubes d'eau, dont 90 assurent, pendant les trois mois d'inondation, l'étonnante fécondité des terres.

La science, expliquant les mystères, montrait ainsi le Delta comme une dépendance étroite des régions où s'accumulent et se conservent les eaux nourricières. Le maître de ces régions serait le maître incontesté de l'Égypte; le pouvoir n'était pas au Caire, mais plus loin, au delà du désert de Nubie. La *politique de l'eau* devenait le véritable instrument de domination.

Bien avant ces découvertes, tous les souverains du Delta, les Pharaons aussi bien que les Khédives modernes, s'étaient acharnés à triompher du redoutable inconnu des inondations du fleuve. Ils avaient cherché à remonter le cours du Nil, à maîtriser ses eaux, à régulariser l'apport de ses crues.

Bonaparte et son escorte de savants avaient repris cette tâche millénaire; des projets de barrage du fleuve avaient été étudiés, sans que le temps permit de les réaliser.

Les ingénieurs français que Méhémet Ali avait

groupés autour de lui, se remettaient à l'œuvre et deux d'entre eux, Linant de Bellefond et Mougel bey, construisaient dans la branche dite de Rosette le premier barrage du Nil.

Puis c'était la colossale entreprise de M. de Lesseps, tout un rayonnement de projets propres à accroître la prospérité de cette terre, déjà si profondément imprégnée de gloire, d'idées et de sang français. M. le comte de la Motte, l'un des ingénieurs qui accompagnaient le grand ouvrier du canal de Suez, proposait la construction de deux barrages en amont de celui de Rosette, l'un à Assiout à 400 kilomètres du Caire, l'autre à Assouan à 965 kilomètres.

Une Égypte nouvelle, exploitant *pour elle-même* les richesses de son sol, allait recueillir les fruits des travaux des savants français. « Il faut, avait dit Bonaparte en 1798, répartir équitablement entre les villages les impôts et l'eau fertilisante du Nil. » Toute l'action française était restée inspirée de ce principe ; les terres des fellahs seraient les premières à profiter des irrigations méthodiques que permettraient les nouveaux barrages.

L'entrée en scène de l'Angleterre rompit cette généreuse tradition.

En 1882, l'Angleterre bombarde Alexandrie, occupe l'Égypte et peu à peu s'y installe en maîtresse. Aussitôt, elle met la main sur le Service du fleuve, ne tolère plus un seul Français dans l'*Irrigation Département*. A la suite de ses flottes, débarquent ses financiers, ses commerçants, ses industriels ; c'est à leur service qu'elle va mettre d'abord la puissance bienfaisante du Nil.

Le barrage d'Assiout est construit par l'ingénieur Willcocks, sur les ordres de lord Cromer; puis le 10 décembre 1902, celui d'Assouan est inauguré en présence du duc et de la duchesse de Connaught et du Khédive.

Aussi solennelle qu'ait été cette inauguration, la joie populaire n'a pu éclater avec un enthousiasme aussi sincère que lorsque Bonaparte se rendit, le 18 août 1798, au « Nilomètre » pour faire ouvrir dans le canal du Nil les brèches qui allaient permettre au « fleuve béni » de se répandre sur les terres.

Le fellah qui assistait, le 10 décembre 1902, à la grandiose cérémonie d'Assouan pouvait contempler l'orgueilleuse puissance de l'Angleterre, mais il savait qu'il avait peu à attendre de l'édification du colossal barrage. Régulariser les inondations, c'était lui enlever dans les années critiques, l'eau précieuse, l'eau qui nourrit l'Égypte. Il songeait que, lorsque les crues seraient faibles, comme en 1900, « quelques lignes insérées au *Journal officiel* l'avertiraient très simplement que les eaux du fleuve seraient dirigées sur les cultures de coton des capitalistes anglais ». Son maïs et son mil ne pouvaient rien espérer. Autant ou mieux peut-être valaient pour le peuple d'Égypte les caprices du Dieu fantasque, qui donnait les années grasses et fertiles après les années maigres de la légende.

Assouan assure à l'Angleterre un instrument de domination économique et politique que les plus redoutables armées ne pourraient lui donner aussi puissant. De là, elle tient à sa merci tout le pays en aval qu'elle peut à son gré ruiner ou combler de richesses. Elle est la maîtresse de la « politique de l'eau », scientifiquement réglée, centralisée dans les mains de l'*Irrigation Department*. Et l'on comprend alors le soin jaloux qu'elle a apporté à faire entièrement sienne une administration « qui pénètre dans tout le pays, a des représentants dans tous les villages et dont les ramifications suivent exactement le réseau fertilisant des canaux[1] ».

« La création du barrage d'Assouan, écrivait M. Pierre Baudin au lendemain de la cérémonie d'inauguration, est un événement qui, dans la politique égyptienne, n'a d'égal que le bombardement d'Alexandrie en 1882 par la flotte anglaise tandis que nos bâtiments prenaient la mer... Qui tient le Nil, tient l'Égypte. L'Angleterre tient le Nil. Le Dieu est enchaîné au char des marchands de la Cité et figu-

[1] Pierre Baudin, *Forces perdues*.

rera bientôt au carnavalesque défilé du lord-maire de Londres... »

*
* *

Assouan domine la Basse-Égypte; mais, ne peut-il être dominé de plus haut, vers les sources si longtemps mystérieuses du grand fleuve? Et logiquement, les Anglais s'en préoccupent, obéissant à cette implacable loi de l'amont qui, dès les âges les plus reculés, s'est imposée à tous les maîtres de l'Égypte.

Dès 1893, ils consultent un de nos compatriotes, M. Chelu bey, ancien ingénieur en chef du Soudan égyptien. M. Willcocks, le directeur général chargé de l'étude des réservoirs, l'interroge sur le régime des eaux du Nil blanc : « Si vos renseignements confirment ma théorie, lui dit-il, je renonce à barrer le Nil en amont aussi bien qu'en aval d'Assouan, économisant ainsi plusieurs millions de livres sterling. Le seul barrage à construire sera dans ce cas, au sud de Gondokoro, à Duflé peut-être[1], en un point à déterminer... L'édification de ce barrage rendra ses constructeurs maîtres absolus de l'Égypte. Ils régleront le cours du Nil à leur gré; ils pourront au besoin assoiffer le pays... »

[1] Duflé ou Doufilé. Au nord des lacs Albert et Victoria-Nyanza.

Dès ce jour, la *question d'Égypte* devient une *question soudanaise.* Nulle puissance autre que l'Angleterre ne tiendra le Haut-Nil; peu lui importera alors de se montrer généreuse sur la question de la Basse-Égypte et de la réserver pour un règlement ultérieur, comme elle a consenti à le faire dans l'accord du 21 mars 1899.

Et ses hommes d'État, ses explorateurs, ses ingénieurs n'ont plus dès lors que cet objectif : le Nil soudanais, celui qui commande au Nil égyptien.

Le capitaine Lugard, qui s'est jeté en condottiere sur l'Ouganda, tient à garder « per fas et nefas » à l'Angleterre cette région du Victoria-Nyanza, l'immense réservoir de 66.500 kilomètres carrés, d'où sort la richesse de l'Égypte. Brutalement et clairement il combat les hésitations de son gouvernement par des arguments décisifs : « L'Ouganda a à sa merci les chutes du Nil... La question de l'évacuation de l'Ouganda et celle de notre situation en Égypte sont inséparables l'une de l'autre. Car quiconque sera en possession du Haut-Nil disposera à son gré de l'Égypte qu'il peut ruiner en la privant d'eau. »

Les techniciens, les sociétés savantes se rangent au même avis.

Le 1er octobre 1895, devant la *Royal Institution*, sir Colin Scott Moncrieff, colonel du génie royal, sous-secrétaire d'État au ministère des Travaux publics en Égypte, appuie de toute sa compétence la thèse de l'occupation du Haut-Nil : « Une nation civilisée installée sur le Haut-Nil établira *sûrement* des vannes régulatrices en travers de l'émission du lac Victoria-Nyanza et règlera cette grande mer, comme Manchester règle Thirlmere. Ce serait probablement une opération facile. Une fois réalisée, l'alimentation du Nil serait aux mains de cette nation, et, si la *pauvre Égypte* avait le malheur d'être en guerre avec le peuple occupant le Nil supérieur, elle serait exposée à être asséchée ou noyée au gré de son adversaire. »

Qui s'étonnerait, après ces saisissantes citations, des clauses que l'Angleterre a consenti à insérer dans l'accord de mars 1899? Qui ne s'est rendu compte du développement qu'elle s'est immédiatement attachée à donner, avec son activité et son esprit de suite habituels, à la pensée directrice de son œuvre : la mainmise sur le Haut-Nil ?

Le fleuve et ses affluents ont été étudiés. Les ingénieurs ont reconnu le grand marais créé des embarras du Nil Blanc entre Gondokoro et Fachoda. Ils ont constaté que près de la moitié des eaux sorties des lacs équatoriaux se répandaient dans ces bas-fonds, sur une longueur de plus de 600 kilomètres et s'y évaporaient. Des sortes d'îles d'herbes se formaient, au milieu de ces marécages, rendant toute navigation impossible. Immédiatement, on attaqua ces barrages de « sedd » ; on en débarrassa le lit proprement dit du fleuve, de façon à assurer la navigation de Redjaf à Ondurman, sur une distance de plus de 1.000 kilomètres. En 1901, le sous-secrétaire d'État égyptien aux travaux publics, sir Willian Gartin, allait personnellement inspecter les travaux en cours, montrant ainsi toute l'importance qu'il y attachait.

En même temps, on étudiait ou l'on construisait les chemins de fer qui devaient permettre d'exploiter méthodiquement la région du Haut-Nil ou d'y jeter et d'y mouvoir, le cas échéant, les troupes nécessaires à sa défense. Le rail est à la fois un instrument de mise en œuvre économique et de domination.

La route que les travaux de déblayage traçaient dans le Nil n'aurait plus comme unique aboutissant le Caire et la Méditerranée. La voie ferrée du Victoria-Nyanza à Monbassa lui assurait un débouché sur l'océan Indien ; celle de Berber à Souakim lui en ouvrirait un autre sur la mer Rouge.

En ce qui concerne cette dernière ligne, les études préliminaires avaient duré jusqu'à ce jour. Mais le projet de budget de l'Égypte, pour 1904, prévoit dès maintenant le commencement des travaux de construction effective. « Le ministère des finances, y est-il dit, a été autorisé par le conseil des ministres à faire l'avance, à prélever sur les fonds de réserve spéciale, des sommes nécessaires pour la construction d'un chemin de fer destiné à mettre en communication la vallée du Haut-Nil, près de Berber, avec la mer Rouge à Souakim. La construction de la voie ferrée va être entreprise et, à moins de circonstances imprévues, on peut espérer que d'ici trois ans environ le chemin de fer sera en état d'être ouvert au trafic. »

Le Soudan égyptien se trouve ainsi pourvu et la question soudanaise, dont l'ancienne question d'Égypte n'est plus qu'un corollaire, semble réglée au gré de la pensée anglaise.

Est-ce dans la satisfaction de voir l'œuvre conçue réalisée si rapidement, et pour effacer jusqu'au souvenir des obstacles qui se sont dressés devant elle, que sir Reginald Wingate, sirdar de l'armée égyptienne, vient de décréter tout récemment que le nom de Fachoda était officiellement aboli : « Désormais, dit un arrêté inséré à la *Gazette du Soudan*, la province de Fachoda sera connue sous l'appellation de province du Haut-Nil; la ville de Fachoda sous le nom de Kodok, et le village de Fachoda sous celui de Dalwar. »

Ces obstacles ont-ils du reste entièrement disparu et l'occupation du Haut-Nil et de l'Ouganda a-t-elle atteint complètement les résultats que se proposait le gouvernement anglais? L'alimentation du Nil est-elle actuellement entre les mains de la *seule* Angleterre?

*
* *

Les maîtres d'Assouan tiennent la Basse-Égypte sous leur domination absolue. Mais les maîtres du Victoria-Nyanza ne paraissent pas avoir *seuls* autorité sur le pays en aval et sur Assouan lui-même.

Les travaux du « Sedd » ont bien ouvert le Haut-Nil à la navigation ; ils n'ont pu encore empêcher la déperdition de la moitié des eaux qui sortent du grand lac équatorial. Assouan est tributaire du Nil Blanc et des réservoirs de ses sources, mais il l'est aussi, et dans une forte proportion, du Sobat et surtout du Nil Bleu, qui descend des plateaux d'Abyssinie et dont les crues sont si puissantes « qu'elles font refluer le Nil Blanc dans les basses plaines qu'il traverse ».

Pour disposer *seul* de la « politique de l'eau », il faut pouvoir régulariser les émissions du Nil Bleu comme celles du Nil Blanc ; il faut tenir le lac Tsana comme le Victoria-Nyanza.

Aussitôt ce fait reconnu, les Anglais s'attachèrent à développer cette idée complémentaire de celle dont ils venaient de poursuivre victorieusement la mise en œuvre.

L'Abyssinie est un pays libre, venant de prouver à Adoua qu'il voulait et pouvait rester tel. Il fallait donc agir avec quelque art et d'autant plus de précautions que l'esprit naturellement soupçonneux du Négus savait « la forteresse abyssine » entourée sur trois de ses côtés par les possessions de l'Angleterre.

L'impérialisme anglais sut couvrir ses ambitions de déclarations solennelles, de présents, d'ambassades de paix.

Dans un « livre bleu » de 1901, le sous-secrétaire d'État aux travaux égyptiens, sir William Gastrin, annonce que « pour créer un grand réservoir qui pourvoierait à la fois aux besoins du Soudan et à ceux de l'Égypte, il faudrait disposer des eaux du lac Tsana, qui est en Ethiopie ». Lord Cromer s'empresse alors d'écrire : « Il va sans dire qu'aucun projet ne peut être exécuté, qu'aucun travail préliminaire ne peut être entrepris, sans le consentement de l'empereur Ménélik... J'irai même plus loin et je dirai qu'à mon sens il est de toute importance qu'on ne fasse rien qui puisse faire naître dans l'esprit de l'empereur Ménélik et de ses sujets le soupçon que nous ayons la moindre intention d'adopter une politique agressive à l'égard d'une portion quelconque des territoires abyssins. »

La presse de Londres assure le Roi des Rois de la pureté des intentions britanniques ; elle lui dénonce les périls que peuvent faire courir à l'indépendance de l'Éthiopie les projets de certaines autres puissances. Le colonel Harrington négocie habilement à la cour du Négus, cherche à y supplanter nos représentants. Et les missions britanniques de paix ou d'études se répandent sur les plateaux abyssins : missions d'ingénieurs, qui reconnaissent le cours du Nil Bleu et le régime du lac Tsana ; missions de commerçants, de pasteurs qui s'installent dans le pays, trafiquent, évangélisent, travaillent pour eux et pour l'Angleterre.

Le traité anglo-éthiopien du 15 mai 1902 apporte une première satisfaction à toute cette accumulation de lents et persévérants efforts. Il suffit, pour s'en rendre compte, de lire les articles suivants :

« Art. 3. — S. M. l'Empereur Ménélik II, Roi des Rois, s'engage envers le gouvernement de Sa Majesté Britannique à ne pas construire ni permettre de construire sur le Nil Bleu, le lac Tsana ou le Sobat d'ouvrage quelconque pouvant gêner la marche de leur cours vers le Nil, à moins d'entente avec le gouvernement de S. M. Britannique et le gouvernement du Soudan. »

« Art. 5. — S. M. l'Empereur Ménélik, Roi des Rois, concède au gouvernement de Sa Majesté Britannique et au gouvernement du Soudan le droit de construire à travers le territoire abyssin un chemin de fer reliant le Soudan à l'Ouganda. »

C'est là un résultat, — et fort appréciable. L'Angleterre pare au danger de voir le Nil privé de l'apport précieux du Sobat et surtout du lac Tsana. L'arme qu'elle s'est acquise n'est encore que défensive.

La question du Nil, donc celle de l'Égypte, qui était devenue soudanaise, s'est transformée en *Question abyssine* et reste ouverte, tant que l'Abyssinie restera indépendante.

L'indépendance de l'Abyssinie ! Voilà donc l'obstacle qui se dresse devant l'intégralité de la domination anglaise, et, sur ce terrain, la France est en mesure de lutter d'influence et d'activité avec toutes chances de succès.

L'Angleterre ne l'ignore pas et, sans suspecter la sincérité des relations amicales que le gouvernement de Londres prend soin d'entretenir avec nous, il est permis de chercher dans la presse ou dans les grands périodiques les appréciations libres de la pensée anglaise, qui n'engagent du reste pas la responsabilité du Foreign-Office.

Un livre publié au lendemain de la signature du traité anglo-éthiopien, sous le titre *Modern Abyssinia*, par M. Augustus Wylde, ancien vice-consul anglais dans la mer Rouge, est, à ce point de vue, des plus intéressants à consulter. Pour l'auteur, les trois obstacles auxquels se heurte en Afrique l'expansion anglaise sont « le Krugérisme, le Madhisme et le Ménélikisme ». Les deux premiers viennent d'être abattus. Le dernier est le plus redoutable. Car « la France, avec le *bâton abyssin* dans la main, a un instrument avec lequel elle peut battre à la fois l'Angleterre et l'Italie et rendre la situation en Afrique très déplaisante pour elles. Toute l'administration des Français à Djibouti est de nature à avoir les plus mauvais effets sur les indigènes et, sans aucun doute, destinée à affaiblir la puissance de l'Angleterre à

Aden et en Afrique, celle de la Turquie en Arabie, et celle de l'Italie en Érythrée ».

Nos intérêts, comme nos sympathies, nous commandent de respecter l'indépendance de l'Abyssinie, gardienne de la haute vallée du Nil bleu, dernière forteresse d'où peut sortir transformée et rajeunie la vieille question d'Égypte.

Notre devoir — envers nous-mêmes et envers les peuples de la vallée du Nil — est d'asseoir solidement notre influence sur les plateaux éthiopiens, non pour les confisquer, mais pour rendre l'Abyssinie plus forte, plus prospère, plus riche de l'exploitation de ses richesses. Nos ingénieurs et nos commerçants n'ont pour agir qu'à reprendre en Éthiopie la généreuse tradition suivie par la France en Égypte, de 1798 à 1882. Le Négus et ses sujets viendront à eux comme les fellahs sont venus à Bonaparte et à Méhémet Ali.

Il faut que le ministre de France en Éthiopie s'efforce de hâter le prolongement sur Addis-Ababa du chemin de fer de Djibouti. Les efforts qu'ont faits nos rivaux pour retarder ou faire avorter la construction de cette voie ferrée, suffisent à dire quelle est son importance. C'est pour l'Abyssinie, isolée au milieu des possessions européennes, la seule communication directe et rapide avec la mer Rouge, la grande artère de commerce indépendant, l'unique instrument politique et militaire de défense.

Il faut que notre gouvernement renforce notre légation auprès de l'empereur Ménélik; et, sous ce rapport, on ne peut qu'enregistrer avec satisfaction l'envoi récent de deux officiers, comme attachés militaires, à Addis-Ababa. Il faut qu'il accroisse le mouvement du port de Djibouti, en y montrant le plus grand libéralisme économique. Il faut qu'il installe en Éthiopie un service postal régulier, semblable à ceux que nous possédons au Maroc et dans le Levant; qu'il développe enfin toutes les œuvres d'hospitalisation, d'éducation, d'instruction, de solidarité humaine, qui font connaître aux indigènes la langue, la générosité, l'âme de la France.

Le Nil ne serait irrémissiblement anglais — à Assouan comme au Caire — que si l'Abyssinie le devenait elle-même.

L'ACTION CIVILISATRICE DE LA FRANCE

Dans sa magistrale étude : *Qu'est-ce-que l'Art?* le comte Léon Tolstoï s'élève avec indignation contre la civilisation moderne, qui entasse des milliers d'êtres dans les villes, les enferme dans des usines, des ateliers, mesure à tous l'air et la lumière et crée ainsi la plupart des maladies qu'elle s'enorgueillit ensuite d'essayer de guérir. Actuellement, « la plupart des inventions techniques de la science expérimentale » lui semblent servir « non pas au bonheur mais au malheur des hommes ». Seraient-ce là les seules conséquences de la civilisation, et, partant, commettrait-on la plus grossière des erreurs en allant en diffuser les « soi-disant bienfaits » chez les peuples encore neufs, et ne vaudrait-il pas mieux, au contraire, demander à ces races, le secret du véritable bonheur par le retour à l'état de nature?

*
* *

Quels peuples sont plus neufs que ceux de notre

Soudan, terme générique, que nous ne prenons pas dans son sens administratif, — car ce sens n'a aucune valeur, au point de vue qui nous intéresse, puisqu'il ne sépare pas des indigènes de races différentes, — mais sous lequel nous comprenons les vastes territoires qui englobent le Haut-Sénégal, le Niger et ses affluents, le Borgou, le Mossi, le Gourounsi et s'étendent jusqu'au Tchad par la piste de Zinder et du Damerghou. Nous laissons hors de cet ensemble les régions au contact immédiat de la côte de l'océan Atlantique et du golfe de Guinée : Bas-Sénégal, Guinée française, Côte d'Ivoire, Bas-Dahomey, aussi bien que les steppes, qui bordent le nord du Soudan français, en avancées du désert, et forment les terrains de parcours des Maures et des Touareg.

Sur la côte, en effet, le Noir n'est plus dans son état primitif. En contact avec l'Européen depuis déjà de longues années, il s'est peu à peu modifié, et il faut bien reconnaître que, s'il s'est assimilé une partie de nos plus précieuses qualités, s'il a acquis le goût au travail, l'esprit de prévoyance et de sage épargne, il paraît souvent s'être plus facilement approprié les pires défauts de son frère supérieur.

Peut-on reprocher à ces grands enfants que sont les Noirs, écrasés par un long atavisme et presque incapables de penser par eux-mêmes, de ne pas toujours montrer la force d'âme d'Hercule entre le vice et la vertu ? Ne doit-on pas dire que dans ces colonies côtières, où ont été rassemblées toutes les expéditions dirigées vers l'intérieur, ils ont été forcément appelés à constater souvent l'emploi des arguments violents, alors qu'il fallait, à tout prix, pour répondre à des nécessités d'ordre inéluctable, organiser des colonnes, abattre des résistances, se procurer des porteurs, des moyens de transport? Leurs esprits naïfs pouvaient-ils comprendre ce qu'étaient les lois de la guerre européenne, le droit de réquisition, et ne voyaient-ils pas plutôt, en tout et partout, le triomphe de la force?

Ajoutons que, pour les premiers traitants installés dans ces peu hospitalières régions, le commerce était dur et qu'au début bon nombre d'entre eux trouvèrent leurs plus sûrs bénéfices dans le trafic de l'alcool, poison plus redoutable dans ces pays intertropicaux qu'il ne peut l'être partout ailleurs? Nécessairement, la civilisation a dû se présenter d'abord, sur la côte occidentale d'Afrique, sous sa forme brutale, dans son appareil de guerre, avec ce qui paraît, si l'on s'en tient aux apparences, être la négation même de toute civilisation. Qui peut alors s'étonner de ce que certains indigènes n'y aient vu, à ce premier et brusque contact, que ce qui flattait leurs instincts violents d'hommes primitifs? Mais là même, lorsque la paix se fut faite, le Noir a compris, et nous verrons que, par la suite, il s'est en partie heureusement modifié.

Dans les steppes du Sahel et du nord de Tombouctou, au contraire, les tribus qui y nomadisent sont loin d'être des races neuves. Les Maures et les Touareg apparaissent plutôt comme les descendants dégénérés de vieilles races blanches, dont ils ont gardé, dans leur misère, une certaine grandeur, mais qui leur ont légué aussi un esprit d'insatiable orgueil, un goût de grand seigneur pour la guerre, goût transformé peu à peu en amour du pillage, un esprit d'intrigue et de fourberie, assez commun chez les peuples anciens de l'Orient, Tartares, Chinois ou Ottomans. Il est bon, sur les confins du Sahara, dans les palabres politiques qu'il faut tenir, de ne pas se fier aux promesses toujours très brillantes des « diplomates » maures ou touareg et de se souvenir qu'avec eux les actes seuls comptent. Ils ont aussi, tous ces fiers nomades — et cette vue nous inspira souvent la plus profonde pitié — les « avaries » les plus horribles des civilisations avancées, maladies qui les rongent, qu'ils se transmettent avec le sang et contre lesquelles ils sont sans armes; ils portent, pour ainsi dire, leur ruine en eux et disparaîtraient probablement, si nous ne les aidions du secours de notre science. La civilisation leur a laissé, en se retirant d'eux, le lourd héritage du mal, sans qu'ils possèdent cette compensation, dont parle Tolstoï, le moyen de le guérir.

Mais, laissons ces demi-européanisés de la côte et ces tristes débris de races des confins du Sahara et pénétrons dans les masses profondes du Soudan.

On peut dire que, malgré la lenteur des moyens de communication actuellement existants en Afrique, on passe, sans grande transition, du monde blanc en plein monde noir. On s'embarque à Bordeaux ou à Marseille pour débarquer à Dakar, se rendre en chemin de fer à Saint-Louis, sauter dans un chaland qui vous remonte par le Sénégal jusqu'à Kayes et, de là, gagner la brousse, soit immédiatement vers le sud ou vers le nord, soit en chemin de fer vers l'est. Aussi long qu'ait été le trajet, il a peu permis d'observer les indigènes; on a dû vivre, enfermé dans un wagon ou dans un bateau, se laisser transporter, consacrer les quelques heures que l'on passait en dehors de sa prison à s'occuper de ses affaires personnelles; on n'a pas vu; on n'a pas pu voir.

Aussi, lorsqu'on est arrivé dans quelque village soudanais, l'esprit, qui est encore plein des tableaux de la vie enfiévrée d'Europe et qui a le souvenir des transbordements et de l'agitation du voyage, est saisi du calme profond, de la paix, de l'indolence qui tout à coup l'environnent, et cette impression s'accroît encore de l'étendue monotone des horizons immenses, du silence de ces vastes espaces, de l'accablement de la chaleur et, le soir, alors que les nerfs se détendent, du repos qu'apporte le déclin du jour. L'Européen, ainsi brusquement transporté en Afrique, se trouve frappé, dès les premiers moments, par les mœurs d'allure patriarcale, par la vie contemplative des indigènes. Une certaine émotion, celle qui vous gagne si vite quand on se sent perdu très loin de la patrie, le prend, et le sentiment parle seul en lui, à la vue des spectacles champêtres et empreints d'une poésie douce, qui se déroulent sous ses yeux ; il croit revivre tantôt quelque scène de la Bible, tantôt quelque églogue de Virgile.

Au premier examen, le Noir lui apparaît comme un homme simple, peu ambitieux, se laissant vivre, se prélassant solennellement au grand soleil, ou dormant mollement à l'ombre de quelque « dioubabé[1] ». Dans ce pays si prodigue de chaleur, si étonnamment fertile, là où il y a un peu d'eau, les « miséreux » lui semblent fort rares. Pas de ces pauvres loques humaines, qui grelottent tenaillées par le froid ou par la faim ! Le soleil luit pour tous ; il ne favorise pas plus le grand chef que le moins fortuné des indigènes ; l'un ou l'autre n'ont qu'à s'étendre sur le sol, pour y goûter un repos tranquille, et point n'est besoin, pour avoir des rêves heureux, de riches demeures ou de tapis multicolores ; la « case » a partout la même simplicité antique. La terre aussi produit pour tous, sans grands efforts, le mil dont quelques grains suffisent à la nourriture de chaque homme ; les « lougans[2] » sont souvent collectifs, appartenant à l'en-

[1] Arbre très répandu dans le nord du Soudan français.

[2] Champs cultivés.

semble d'un village, ou bien l'on donne assez facilement à qui n'a pas. Nous avons encore le souvenir, à Kita, d'une pauvre vieille folle qui s'en allait, sa calebasse à la main, à travers le marché indigène, en chantonnant des fragments de légendes, et recueillait, en de faibles mais nombreux dons, la petite quantité de mil dont elle avait besoin.

Point de vagabonds non plus ; le Noir aime l'endroit où il est né ; il se déplace facilement, mais revient toujours parmi les siens, et ses déplacements se font encore de la plus biblique façon. Riche, il voyagera à cheval ; sinon il va, le bâton à la main, un peu de mil dans un morceau de guinée comme réserve exceptionnelle pour la route ; il va de village en village jusqu'à son but, sur des distances souvent considérables, entrant généralement dans la première case qui s'offre à lui, s'asseyant auprès de la calebasse commune, y passant la nuit et repartant le lendemain matin pour la nouvelle étape. Sa mise est très sommaire : un boubou et des sandales s'il est aisé, sinon un simple morceau d'étoffe et les pieds nus.

Aussi les industries sont-elles très embryonnaires au Soudan : des fabricants de poteries, vases en terre généralement cuits au soleil ; des tisseurs d'étroites bandes de cotonnades ou de lainages ; des cordonniers souvent habiles dans les ouvrages de cuir ; des vanniers qui tressent de larges paillassons, confectionnent des nattes ou des calebasses[1]; des forgerons qui font des armes, de lourds fers à captifs, d'épais cadenas ou de fragiles et délicats bijoux en filigranes d'or et d'argent. Tous travaillent sans hâte, avec des outils incroyablement primitifs. Et, dans l'extrême simplicité de cette vie, se groupent en un décor éminemment champêtre, ici les longues théories des troupeaux, rentrant le soir au village, là les cercles, où viennent se ranger les indigènes, hommes et femmes, autour de quelque bruyant tam-tam ou de quelque conteur de légendes.

L'Européen rêve devant ces spectacles, mais il se rend bientôt compte que c'est à nous, les civilisés, que les Noirs doivent cette sécurité d'existence.

Il se reporte à ce qu'était le Soudan, avant notre venue. Il voit les hordes des grands chefs indigènes, El-Hadj Omar, Samory, Ahmadou et combien d'autres de noms moins connus, parcourant ces pays, incendiant tout sur leur passage, détruisant les récoltes, massacrant ce qu'ils ne pouvaient emmener à leur suite en captivité. Il voit l'odieuse traite, écrasant ces malheureuses populations, dispersant les familles, mettant l'homme au-dessous du bétail. Il voit la vie suspendue, reprenant peu à peu, pour être à nouveau détruite, et des déserts s'étendant sur les ruines des plus prospères régions. Et, à côté de ces

[1] Sortes de courges vidées et séchées, servant de récipients à liquides.

guerres effroyables qui ont dépeuplé le Soudan, confondu et transporté en tous sens les races et les peuples, il voit cet autre fléau, la famine, succédant aux invasions et achevant leur œuvre, ou due seulement au manque de prévoyance des indigènes, qui usent sans retenue de ce que leur donne le sol, mais ne pensent pas à se conserver la moindre réserve pour les mauvaises années ; ils n'ont jamais le songe des sept vaches grasses et des sept vaches maigres et l'auraient-ils, qu'ils ne s'en préoccuperaient probablement pas. L'indigène nous doit de pouvoir vivre, et il est hors de doute que si demain nous disparaissions de cette partie de l'Afrique, il retomberait dans la barbarie, où le portent ses instincts de demi-sauvage.

Car ces instincts existent chez lui, à l'état latent, réfrénés aujourd'hui par notre présence, par l'esprit de justice et de concorde que nous avons apporté ; on les retrouve violents dès qu'on leur lâche la bride. Nos admirables tirailleurs ne savent pas y résister, si, le combat fini, l'ennemi vaincu, on ne les tient sous une rigoureuse discipline et encore, à ce moment, quel est le chef qui peut être assuré d'empêcher le massacre, l'écrasement du faible, le retour aux excès les plus brutaux de la vie animale ? N'en retrouve-t-on pas aussi la manifestation, lorsque l'on examine plus à fond les mœurs des Noirs, dans les actes mêmes de la vie domestique et particulièrement dans ce souhait de tout indigène, fût-il ancien esclave lui-même, d'avoir des captifs qui travailleront pour lui, lui fourniront de quoi orner ses femmes ou augmenter le nombre des têtes de son bétail?

Nous savons bien qu'il ne s'agit plus au Soudan que de *captifs de case*, sortes de domestiques familiaux, dont, par notre ordre, il est défendu de trafiquer, qu'on ne sépare pas des leurs et que nous protégeons contre les sévices de leurs maîtres, ne pouvant actuellement les libérer tous en bloc, sans nous exposer aux plus graves conséquences. Mais, certes, le Noir libre regrette les commodités de la traite et ne se soumet aux règles d'humanité, que nous lui imposons, que parce que nous réprimons impitoyablement toute infraction à ces règles ; elles n'ont encore pénétré ni dans son âme, ni dans ses habitudes.

En outre, si l'indigène est aujourd'hui, grâce à nous, à l'abri de tout violent bouleversement et à peu près sûr du lendemain, il reste encore à la merci des maladies. Pour lui, le moindre mal non soigné s'aggrave vite au point de devenir mortel.

Nos médecins sont peu nombreux au Soudan ; ils ont à s'occuper d'Européens dispersés sur d'immenses espaces, et sont souvent obligés à de longs et nombreux déplacements. Leur vie est faite de fatigue et de dévouement sous un climat qui les frappe aussi impitoyablement que les autres. Ils se trouvent cependant encore assez de temps, d'énergie et de santé pour donner leurs soins aux indigènes et pour être ainsi les plus merveilleux agents de notre domination parce qu'ils en sont les plus bienfaisants [1]. Nachtigal ne s'est-il pas ouvert, il y a quelque trente ans, l'accès du « farouche » Ouadaï en guérissant les malades et « en frappant les imaginations par des opérations chirurgicales heureusement exécutées » ?

Le gouvernement de l'Afrique occidentale s'est donc honoré et a du même coup efficacement servi la cause française, en ayant la généreuse idée de faire élever auprès de nos postes des cases-infirmeries pour les Noirs qui désirent s'y faire soigner [2]. Malheureusement, seuls les indigènes à portée de ces rares postes sont à même de profiter de ces bienfaits, et des années s'écouleront avant que ne disparaisse la foi dans les sorciers, marabouts et forgerons.

Les empiriques, magiciens redoutables du pays noir, transportent dans d'antiques peaux de bouc, avec le gri-gri [3] qui doit vous faire aimer de la plus

[1] On doit à ce propos hautement approuver le ministère des Affaires étrangères d'avoir récemment renforcé en médecins le personnel de nos missions au Maroc.

[2] « Nous voulons défendre les populations indigènes contre les fléaux qui trop souvent les déciment ; c'est notre devoir le plus étroit en même temps que notre intérêt le mieux entendu... Le but vers lequel nous devons tendre est l'installation dans chacun de nos cercles d'au moins un médecin de façon qu'aucune portion du territoire n'échappe à l'action de notre civilisation, sous la forme dans laquelle elle est à la fois la plus bienfaisante et la plus accessible à nos populations indigènes. » (Discours de M. Roume, gouverneur général de l'Afrique occidentale française, à l'ouverture de la session du Conseil supérieur de gouvernement, le 15 décembre 1904.)

[3] Sorte d'amulette ou de talisman.

jolie « mousso [1] » du village, celui qui vous guérira de tous les maux, et, à côté de ces talismans sacrés et coûteux, des poudres compliquées, des racines broyées, des fruits séchés et écrasés, le tout si confondu et si mélangé que la plus méticuleuse analyse ne parvient guère à débrouiller ces fantastiques amalgames.

A-t-on mal aux yeux ? On s'en peint le tour en vert tendre. A-t-on un érésipèle ou quelque maladie de peau ? On s'écrase des citrons sur la figure et sur les parties atteintes et on se suspend au cou un autre de ces fruits, avec quelques gris-gris appropriés. Contre le mal de tête, on se ceint le front d'une bandelette de cuir. Le sable est le meilleur des antiseptiques et la feuille de l'arbre, quel qu'il soit, sert à panser les plaies les plus horribles. Que produisent ces divers traitements ? Nous n'avons pu le constater. Du reste, sauf dans les rares villages où nous avons des postes, nous ne savons guère qui des indigènes meurt ou naît ; il n'y a pas la plus petite trace d'état civil et, par conséquent, point de contrôle possible ; mais il semble qu'en général, on ne vive pas vieux au Soudan, si l'on en juge par le peu d'hommes d'âge avancé que l'on y rencontre.

Toutes ces populations sont illettrées. C'est à peine si l'on trouve de-ci de-là, dans les plus importants des

[1] Femme.

villages, au coin des carrefours, quelques écoles en plein vent, où des marabouts apprennent à de rares enfants les éléments d'un arabe déformé. Le matériel scolaire y est fort simple : quelques planchettes de bois sur lesquelles les écoliers écrivent, recommençant cent fois le même exercice, toujours tiré du Coran. Aucune instruction d'ordre pratique ; la plus parfaite des sciences consiste dans la connaissance des versets du livre sacré de Mahomet, et encore cet enseignement ne s'applique-t-il qu'aux rares musulmans qui aspirent eux-mêmes au fructueux titre de marabout. Pour les autres, qu'ils suivent la religion du Prophète ou qu'ils soient fétichistes, ils ne se soucient nullement d'apprendre à lire ou à écrire. Leur père ne s'en préoccupait pas ; pourquoi s'en inquièteraient-ils eux-mêmes, et troubleraient-ils par un effort la quiétude parfaite de leur existence ? Ils parlent suivant leurs races — Bambaras, Malinkés, Sarracolets, Peuhls, Ouoloffs, Toucouleurs, — des idiomes simples qui ont toujours suffi à leurs ancêtres et qui, certes, leur suffiront. Pas de constructions de phrases compliquées ; pas de temps, de modes, de personnes dans les verbes ; pas de genre ou de nombre dans les noms ou les adjectifs ; juste ce qu'il faut pour s'exprimer : des infinitifs, des substantifs, des adverbes, des adjectifs que l'on accole les uns aux autres en simples et courtes propositions directes ; donc, ici comme en toutes autres choses, l'*effort mini-*

mum, qui caractérise si bien le tempérament noir.

Ce qu'on appelle « le parler petit nègre » répond à une réalité ; car, en plein Soudan, les indigènes qui s'expriment en français emploient normalement ce parler et reportent dans notre langue les constructions et les habitudes de leurs idiomes : « Moi aller Tombouctou voir mon mère. Toi venir Kayes..., etc... » Leur indolence naturelle leur fait du reste réduire aussi au minimum leur vocabulaire et ne retenir qu'un seul mot pour exprimer une idée, sans se préoccuper des nuances.

On a dit que « les sauvages ne font pas la distinction du passé, du présent et de l'avenir..., que le verbe, si riche maintenant en ressources pour marquer l'antériorité d'une action, n'avait à l'origine aucun organe pour exprimer le passé et que l'on employa, pour remplir cette fonction, les formes impliquant une affirmation redoublée du présent[1] ». Cette remarque est fort exacte ; elle vient à l'appui des observations que nous avons présentées plus haut. Les Soudanais ne sont pas des sauvages, mais ils sont assez voisins de l'état primitif pour en présenter encore les plus significatifs caractères.

N'écrivant pas, ils ne notent aucun fait, ne gardent que des traditions que l'on se redit de génération en génération et qui bientôt deviennent légendes. Ils

[1] Anatole France,

vivent de lunes en lunes, de ramadans en ramadans, n'ont qu'une connaissance très approximative de leur âge, ne se souviennent guère — et encore sans pouvoir leur assigner une place précise dans le temps — que des plus grands événements qui les ont personnellement et violemment frappés : cataclysmes de la nature, invasions, famines,... etc. Par contre, comme il arrive pour tous les contemplatifs, ils ont une mémoire surprenante et très fidèle des lieux et des choses, retrouvent et reconnaisent après de longues années les endroits où ils sont passés, ne fût-ce qu'une fois, les objets qu'ils ont vus. Servis par un merveilleux instinct que le développement de l'intelligence n'a pas encore éteint, ils savent s'orienter sûrement et rapidement, retrouver une piste, la suivre sans erreur, « sentir » l'eau dans des régions inconnues.

Leur art vaut leur littérature ; il est aussi simple qu'elle. Ses manifestations les plus recherchées se voient dans les armes, dans les poires à poudre, souvent incrustées de cuivre ou d'argent, et surtout dans les bijoux assez délicats en filigranes d'or. Pour le reste, ce ne sont que vives enluminures de vanneries ou de cuirs et naïves reproductions, sur les murs de pisé des cases, des objets usuels de la vie : poteries, calebasses,... etc., qui semblent des dessins d'enfants. Mais n'est-ce pas là le commencement de tout art et, à Florence même, au milieu des merveilles accumulées de la Renaissance, le couvent Saint-Marc n'a-t-il pas réuni dans ses collections des essais semblables et tout aussi timides de l'homme qui s'éveille ?

L'art soudanais n'est pas actuellement dans ce que produisent les indigènes, mais bien dans ce qu'ils tiennent de la nature même, dans la beauté des corps librement développés, presque nus, et qu'aucune entrave ne déforme, dans la simplicité primitive des gestes et des attitudes, que ne règle aucun protocole mondain.

On peut douter de ces appréciations si l'on s'en tient à la vue de quelques têtes de nègres aux cheveux crépus, aux nez largement épatés, aux lèvres épaisses, aux figures coupées d'entailles, aperçus rapidement au passage. Lorsque l'on débarque à Dakar, on trouve que tous les Noirs se ressemblent et on ne peut guère les distinguer les uns des autres. Quelques mois suffisent pour se « faire l'œil » et, une fois l'accoutumance établie, on juge plus exactement ; les têtes, qui sont loin d'être toutes du même modèle, s'affinent dans certaines races et apparaissent avec des signes indiscutables de beauté et d'intelligence. Tout est question de latitude et... d'observation non prématurée. Certain jour, à Kayes, nous demandions au capitaine indigène Mahmadou Racine, véritable héros soudanais, qui, de plus, a visité Paris, il y a quelques années, ce que le Noir appréciait le plus dans la beauté féminine ; nous pensions qu'il allait nous parler des lignes du corps, souvent remarquables de pureté. Il nous répondit fort sincèrement : « Nous ne sommes pas comme en France ; nous ne nous occupons pas de la beauté du corps, mais de celle de la tête » ; et il nous montrait du doigt une « mousso » qui passait, « svelte comme un jeune arbre », en une démarche de dame de vitrail, qu'eussent admirée bien des Parisiennes, mais avec une tête qui les aurait certainement fait fuir d'effroi.

Ainsi, peu à peu, par des observations qui demandent une assez longue pratique des indigènes, l'Européen se forme une opinion plus réfléchie et plus exacte et il arrive à conclure que le Noir ne représente nullement le type de l'homme heureux. Son état de nature a été déformé par des siècles de barbarie, de guerres sans pitié, d'esclavage. Sa sécurité relative de l'heure actuelle, c'est à nous qu'il la doit ; laissé à lui-même, il se trouve sans défenses contre les forces extérieures, contre les maladies, contre les fauves mêmes ; il n'est pas maître de ses instincts ; il prend plaisir à écraser le faible, à détruire sans but ni raison. Le calme apparent de sa vie résulte de son indolence et de sa paresse qui le détournent de tout travail, de son imprévoyance qui le pousse à jouir du présent, sans s'occuper du lendemain.

Le Noir peut, sans doute, devenir heureux, et peut-être plus facilement que tout autre humain ; car les besoins qu'il doit à son sol et à son climat, sont et pourront rester simples. Mais pour qu'il sente et comprenne le bonheur, il faut qu'il parcoure les différentes étapes de la civilisation, comme les ont parcourues les sociétés policées; cette loi s'impose. Il nous appartient de lui raccourcir ces étapes, de l'aider dans cette longue et difficile ascension vers le bien et le beau, comme on aide un frère plus jeune et plus faible, et de le faire profiter de notre expérience, fruit de tant de siècles accumulés.

Qu'avons-nous fait jusqu'ici, pour tirer de la nuit où il était enfermé, l'indigène de l'Ouest africain?

Au Sénégal, où nous sommes depuis longtemps établis, notre influence civilisatrice rayonne à peine autour des postes que nous occupons et des itinéraires que suivent les colonnes et les convois. Cependant un assez grand nombre d'indigènes ont fréquenté nos écoles ou nos ateliers, parlent français, sont habiles dans les différents métiers, peuvent être utilisés aux travaux les plus délicats : conduite des trains de chemins de fer, maniement du télégraphe, emplois dans l'administration, dans les maisons de commerce, etc. Ils prouvent ainsi la perfectibilité de la race noire et son adaptation possible à toutes les exigences de la vie moderne ; mais, même chez ces privilégiés, les instincts primitifs reparaissent facilement. Nous avons le souvenir de tel officier indigène de tirailleurs sénégalais, fort brave et intelligent, qui, dès sa solde touchée, la consacrait presque en entier à se faire accompagner par une bande de « griots » qui chantaient ses louanges ; la satisfaction enfantine qu'il se donnait ainsi, valait à ses yeux les privations prolongées qu'il devait ensuite s'imposer pour vivre.

Au Soudan, où nous ne faisons qu'arriver, notre installation, facilitée par l'expérience et par le prestige que nous avions acquis, a été moins laborieuse qu'au Sénégal. En quelques années, nos colonnes ont nettoyé le pays des chefs sanguinaires qui le décimaient. Des missions isolées, des reconnaissances pacifiques d'officiers ou d'administrateurs se sont montrées presque partout. Mais nos postes sont dispersés à grande distance, quelquefois à 3 ou 400 kilomètres, les uns des autres, et bien des villages qui nous sont soumis et fidèles, n'ont jamais connu un Blanc. Dans ces conditions, quelle peut être notre influence civilisatrice ?

Nos commandants de cercle ou leurs délégués s'efforcent d'obtenir que la justice soit impartialement rendue. Les cadis, les chefs de villages devraient les aider, mais ils n'osent prendre aucune initiative et se contentent généralement de donner aux ordres qu'ils reçoivent une satisfaction apparente. Aussi, malgré tout, les indigènes vivent-ils à côté de nous, mais non pas avec nous. Notre influence morale ne les a point encore pénétrés.

De son côté, l'évangélisation chrétienne n'obtient que de faibles résultats, très disproportionnés avec les efforts déployés.

Dans l'angle que forment jusqu'au Fouta-Djallon le Sénégal et le Niger, chez les Bambaras et Malinkès *fétichistes*, les Pères du Saint-Esprit, qui ont installé à Kita et Dinguira des établissements scolaires, sortes de fermes-écoles, « ont vu chaque année s'accroître le nombre de leurs élèves ; » ils peuvent « rapprocher de nous nombre d'indigènes par l'introduction parmi eux du culte catholique[1], » et leur donner, en même temps, un enseignement très utile, parce qu'il est d'ordre pratique. Si dans ces régions la tâche de ces missionnaires, qui ont à manier des populations lourdes et tant soit peu bestiales, est loin d'être facile, du moins elle n'est pas impossible ; car l'islamisme ne se dresse pas devant eux comme un obstacle absolu.

En pays *musulman*, au contraire, l'action des missions chrétiennes reste sans effet. Sur le Niger, à Tombouctou et à Ségou, les Pères Blancs, que dirigeait l'admirable Mgr Hacquart, l'ancien membre de la mission d'Attanoux, l'ancien compagnon de Hourst dans son exploration du Niger, mort récemment au Soudan victime de son zèle, ont dû se montrer du plus large éclectisme ; ils ont été amenés à

[1] *Les écoles au Soudan français* (Notice générale publiée par ordre du lieutenant gouverneur).

laisser le prosélytisme de côté et à tolérer parfaitement que les enfants qu'ils instruisent dans leurs écoles professionnelles, soient élevés dans les principes de la religion musulmane ; tolérance significative, qui fait le plus grand honneur à l'esprit des Pères Blancs, mais qui prouve bien l'impuissance de la propagande chrétienne au milieu des mahométans.

Cette propagande, loin d'aider à notre domination, pourrait même, aussi bonnes que soient ses intentions et aussi habiles ses procédés, la retarder et la compromettre. Car, pour le musulman, civilisation européenne et civilisation chrétienne, science et religion, ne font qu'un seul tout. Qui enseigne, parle au nom d'un Dieu. « Les savants, a dit Mahomet, sont les héritiers des prophètes. »

Plus que toute autre nation, la France doit se convaincre de ces vérités et s'attacher à faire comprendre aux musulmans de ses possessions que *la science est indépendante de la religion*. Car, plus que toute autre, elle a combattu à travers les siècles pour la foi catholique et dressé la Croix en face du Croissant.

Il semble donc que ce soit seulement en *pays fétichistes* que les missions évangéliques puissent s'employer avec quelque profit, enrayer le mouvement musulman, élever une barrière contre l'invasion des mokaddems ou autres agents du prosélytisme mahométan. Elles apparaissent là comme une efficace mesure de défense, mais elles ne peuvent prétendre à un rôle de conquête religieuse dans les régions déjà acquises au culte de Mahomet.

Nous ne devons pas, en tous cas, laisser cette question des missions sans payer notre tribut d'admiration et de reconnaissance à ces sœurs de charité qui les accompagnent, qui bravent un climat déjà si redoutable pour l'homme le plus vigoureux, et qui, dans les hôpitaux de Kayes ou de Tombouctou, apportent à l'Européen malade, en même temps que le plus délicat dévouement, la vision de la mère ou de la sœur laissées dans quelque coin de France. Ah! les admirables femmes aux figures émaciées, que nous avons vues grelottant de fièvre, se porter, malgré leur mal, au secours de quelque moribond, et combien les mères françaises, qui ont quelque fils sur la terre d'Afrique, doivent bénir leur héroïque abnégation ! Que de Noirs aussi elles ont soignés et guéris et qui n'en parlent qu'avec un touchant respect ! Que de cœurs nous conquièrent ces grands exemples de haute charité et de bienfaisant travail ! Quelle belle moisson nous préparent les apôtres d'humanité que nos médecins et ces nobles infirmières sont dans nos colonies !

C'est cela que nous voulons retenir de l'œuvre des missions africaines : l'élévation de l'indigène par l'éducation morale, ayant pour moyen la bonté et pour but le travail. Ce n'est qu'ainsi qu'il sera possible de dégager les Noirs de leurs bas instincts et de leur brutale barbarie.

Il ne s'agit pas en effet d'introduire dans le Soudan les raffinements de la civilisation européenne, dont les indigènes n'auraient que faire et dont ils risqueraient de ne voir que les côtés dissolvants. Une civilisation avancée ne peut être transportée en bloc dans des pays qui n'y sont pas préparés. Il faut choisir lorsque l'on fait de cette sorte d'exportation, et prendre bien garde de ne pas noyer qui ne sait pas nager ; il faut distinguer entre ce qui est le côté apparent de la civilisation, richesse, luxe, plaisirs, et ce qui en fait le fond sérieux et élevé, principes de travail, de prévoyance, de mutualité et d'humanité. Il ne faut pas éblouir qui y perdrait certainement la vue ; il faut aller progressivement, dût l'évolution être un peu plus lente.

Si l'on veut amener l'indigène à ce que l'on est convenu d'appeler « la lumière, » il faut se défendre de livrer dès maintenant le Soudan à une exploitation commerciale ou industrielle *intensive*. Le Noir, qui ne comprend pas encore l'utilité du travail, ne fournira que difficilement, et malgré lui, la main-d'œuvre nécessitée par une telle exploitation ; il ne fera effort que si on l'y oblige. Alors, loin de se rapprocher de nous, il s'en éloignera ; mauvaise condition de succès pour des entreprises, dans un pays où l'Européen ne peut faire qu'œuvre de direction.

Le Soudan sort d'une longue période de bouleversements. Qu'on lui assure un calme relatif pendant un certain temps ; qu'on le laisse se repeupler ; qu'on ne l'exploite qu'avec *mesure et sagesse* ; qu'on prépare progressivement les habitants à une vie plus active et plus laborieuse ; et l'on pourra former quelques espérances d'avenir, qui seraient anéanties par trop de hâte.

*
* *

La première chose est de gagner la confiance des indigènes, qui ne nous connaissent que fort peu. Il faudrait que les commandants de cercle fussent débarrassés des nombreux et souvent futiles détails de l'administration ; qu'ils fissent aux chefs indigènes, aux cadis, cet honneur, auquel ils seraient fort sensibles, de leur confier, tout en les surveillant, le règlement de toutes les questions de justice, de travail courant, qui n'ont pas une grosse importance ; qu'ils n'intervinssent personnellement que comme des sortes de juges d'appel ou encore comme des dépositaires des principes d'équité, frappant sans faiblesse tout chef qui abuse ou trafique de son autorité. Le Noir, s'adressant à un homme de sa race et trouvant chez lui l'esprit de justice et d'humanité, serait ensuite fier de l'imiter; car il copie avec orgueil le Noir plus élevé que lui, mais moins volontiers « le Blanc. »

Le rôle des commandants de cercles ou de leurs délégués serait alors de multiplier les tournées dans leurs circonscriptions, de visiter, accompagnés autant que possible d'un médecin, les villages les plus reculés, de se faire voir et d'agir; agir, en s'intéressant à la vie des indigènes et à leurs cultures, en les fréquentant, en les interrogeant individuellement dans des palabres, en écoutant leurs plaintes ou leurs désirs, en apportant quelque soulagement aux souffrances des malades et des infirmes, en traitant chacun suivant son rang, en renforçant partout le pouvoir des chefs indigènes.

Le point essentiel que nous avons déjà signalé, c'est d'arriver à faire vivre le Noir sous les ordres directs du Noir, sans laisser place à l'injustice. Car il ne faut pas oublier que tel chef à l'aspect miséreux, au boubou lamentable, est quelquefois fort vénéré; que son orgueil est toujours considérable; que n'avoir pas pour lui cette considération, faite de tact et d'habileté, qu'il croit mériter, ce n'est pas le diminuer dans l'esprit des hommes de sa race qui continuent à croire en lui, mais c'est l'éloigner de nous, c'est nous en faire un ennemi, muet peut-être, mais certainement dangereux.

Dans ces tournées encore, nos fonctionnaires saisiraient toute occasion de se mêler aux fêtes importantes, aux fêtes religieuses surtout, aux grands mariages, aux anniversaires. Puisque la France ne peut absorber les musulmans, son intérêt, répétons-le, est d'en prendre la direction, comme quelques habiles politiques l'on tenté en Algérie, comme Bonaparte en a donné l'exemple dans sa campagne d'Égypte.

Certes, l'Égypte n'est pas le Soudan; mais, ici comme là, on est dans *le monde musulman* et les principes restent vrais et applicables; d'ailleurs les bonnes volontés ne manquent pas chez nos officiers et chez nos administrateurs de l'Ouest africain.

Poursuivons en même temps l'éducation morale du Noir. Pour ce faire, continuons à l'employer dans nos troupes; car il y est à notre contact direct, nous voit travailler, reçoit l'empreinte de sentiments élevés, s'y trouve, eût-il été captif, l'égal de tout homme libre; il apprend, en même temps, qu'il ne peut disposer de la force que lui donnent ses armes que dans des circonstances déterminées, et il est ainsi amené à conclure que la vie humaine est chose que l'on ne sacrifie pas inutilement. Il faut aussi s'efforcer d'attirer dans nos rangs des Noirs des classes supérieures; ne pas se contenter d'enrôler des captifs libérés, pour que leurs anciens maîtres ne répandent pas cette opinion, que: « les tirailleurs sont les captifs des blancs ». Et, à ce sujet, nous devons observer que le versement des nombreux fils de Samory dans nos escadrons de spahis fut, au début de 1899 un acte de politique avisée de la part du lieutenant-gouverneur du Soudan.

Nous aurions même intérêt, à bien des points de vue, quand ce ne serait que pour nous assurer une admirable réserve de soldats, utilisables soit sur place, soit encore en Algérie ou dans nos autres colonies, à organiser une sorte de mobilisation du Soudan, c'est-à-dire à convoquer tous les indigènes d'un certain âge à quelques périodes d'exercice, pendant lesquelles ils prendraient contact avec nous. On a essayé, mais en très petit, la mise en œuvre de ce système. Il serait à généraliser ; il ne semble pas que l'on puisse trouver meilleur, plus rapide et plus universel procédé de moralisation et d'éducation des indigènes. [1]

L'action éducatrice de la France doit se manifester et elle se manifeste heureusement par l'initiation

[1] Ces idées viennent de recevoir une première application, comme le prouvent ces paroles de M. Roume, gouverneur général, à l'ouverture de la session du Conseil supérieur de gouvernement, le 15 décembre 1904 : « Jusqu'à présent, l'organisation militaire de l'Afrique occidentale ne visait qu'à assurer la sécurité intérieure de nos colonies par une série de postes disséminés sur toute l'immense étendue de leurs territoires ; elle doit désormais être en mesure d'assurer leur sécurité extérieure. Pour atteindre ce but, un système régulier de recrutement et une organisation normale de réserves indigènes sont nécessaires ; le décret récent du 14 novembre 1904 vient d'y pourvoir ; des appels de réserves avaient été faits pour la première fois au cours de cette année au Sénégal, à titre d'expérience : ces expériences ont réussi au delà même de nos espérances et nous permettent d'envisager avec confiance le succès complet de l'œuvre si heureusement commencée. »

de l'indigène au travail. Lui enseigner le travail, le lui faire aimer, lui montrer l'avantage matériel qu'il peut en retirer, c'est préparer son progrès moral et l'élever d'un degré dans l'échelle de l'humanité. Telle est la tâche dévolue aux écoles fondées à côté de nos postes et dirigées par nos sous-officiers, dans lesquelles les jeunes Noirs apprennent la langue française. Il serait désirable que le nombre en fût multiplié et surtout qu'à chacune d'elles on joignît un cours professionnel, où l'on donnerait aux indigènes les premières notions des différents métiers (agriculteur, forgeron, charron, menuisier, maçon..., etc...). Les meilleurs sujets pourraient ensuite être envoyés dans des écoles plus élevées, à établir, en des centres choisis, sur le modèle de celles fonctionnant à Bammako et à Kayes; dans ces cours de perfectionnement, se formeraient des ouvriers plus complets et même des hommes capables de diriger certains travaux.

Actuellement, à l'entrée même du Soudan, si l'on veut un menuisier ou quelque autre ouvrier, il faut le faire venir de Saint-Louis ou de Dakar et le payer fort cher, 3 ou 4 francs par jour, somme qui représente pour un indigène quatre fois au moins sa valeur de France. Jusqu'à présent, les Noirs ne peuvent guère, en dehors des travaux instinctifs d'agriculture ou d'élevage, qu'être employés comme porteurs de colis, remorqueurs de bateaux, courriers..., etc. Or, ce sont là des besognes fort pénibles et auxquelles ne se livreront jamais ceux des indigènes qui n'y sont pas forcés par une nécessité absolue; et, vraiment, de pareilles tâches sont-elles pour gagner au travail des populations naturellement indolentes, orgueilleuses et paresseuses? « Le bon Dieu blanc vous a tout donné, nous disait un Ouoloff : manières de faire canons, maisons, télégraphes, chemins de fer; le bon Dieu noir nous a seulement donné manière de faire lougans[1] ; que veux-tu alors ? » Comblons ces lacunes; soyons plus généreux que le « bon Dieu noir » ; apprenons progressivement à ces « mal partagés » les métiers que nous connaissons et il est probable que, nous les ayant vus exercer, ils ne penseront pas démériter en les exerçant eux-mêmes ; car il faut toujours compter avec la fierté native des indigènes.

Et alors, quel élément de civilisation que cette diffusion du travail! Ceux qui sauront acquerront, par les services qu'ils seront appelés à rendre, par l'augmentation de bien-être et de confort qu'ils pourront se procurer à eux-mêmes, une grande influence parmi les autres indigènes. Ceux-ci seront vite amenés à utiliser les talents des plus instruits pour améliorer les conditions de leur existence : ici pour exploiter plus régulièrement et avec un meilleur rendement les produits naturels du sol; là, pour aménager plus com-

[1] Champs cultivés.

modément leurs cases, leurs concessions. Ce que le très riche pouvait seul faire, sera à la portée d'un plus grand nombre; la rudesse des mœurs s'atténuera; le travail apparaîtra alors comme un élément de supériorité pour qui le pratiquera; il se généralisera, ceux qui n'auront pas appris voulant à leur tour savoir et ne pas rester dans un état d'infériorité.

Les épouvantables guerres, véritables tueries, qui ont dévasté le Soudan, ont fait du métier des armes, le métier que chacun y souhaite d'exercer, pensant que c'est le seul qui offre le moyen d'acquérir richesses, captifs et puissance. Mais, déjà à nos côtés, le Noir a appris que la guerre n'est pas une « industrie, » que le pillage, le massacre, la réduction des vaincus en esclavage sont sévèrement interdits; il se demande même, avec quelque inquiétude, comment alors il pourra devenir riche. Montrons-lui le *travail* comme source de prospérité, mais ne nous bornons pas à le lui indiquer par des paroles ou par des instructions qu'il comprend difficilement; montrons-le lui en de fréquentes leçons de choses, aussi simples que possible et aussi appropriées que nous le pourrons à son caractère.

Les conséquences suivront alors naturellement. Le travail, présenté comme honorant qui s'y livre, concourra avec le passage du plus grand nombre possible dans nos écoles et avec le service, même momentané, dans nos rangs, à faire disparaître les idées de castes étroites, qui sont le plus grand obstacle à l'amélioration du Noir. On pourrait ainsi, sans secousse violente et sans perturbation profonde, arriver à supprimer toute captivité, fût-ce même la captivité de case, relativement douce.

Le service du captif est la base même de l'organisation sociale actuelle en pays noir, celle que d'immémoriales traditions d'orgueil et d'inégalité lui font considérer comme une nécessité absolument conforme à la justice. L'éducation seule, dont nous venons d'indiquer les principaux moyens, pourra faire pénétrer dans les esprits des principes plus élevés et plus humains que les ordres les plus fermes et les plus rigoureux seraient incapables d'imposer.

Nous avons une telle foi dans cette idée de la moralisation par le travail, que nous voudrions que l'on autorisât les villages à payer leur impôt en « journées de travail », sans en faire bien entendu « des corvées obligatoires. » On laisserait chaque groupement libre de s'acquitter soit de cette façon, soit en numéraire ou en produits du sol, comme il est actuellement admis. Ces « journées de travail » seraient utilisées à créer des routes, des moyens de communication, dont les indigènes seraient les premiers à tirer profit et qui contribueraient grandement à la prospérité de la colonie. Il est du reste hors de doute que bien des villages préféreraient à tout autre ce moyen de payer l'impôt; car tout débours même minime, en argent ou en nature, est lourd pour ces populations peu fortunées. Et, les routes existant, le commerce se développerait; le charroi, presque inconnu des Noirs, deviendrait possible; les indigènes s'y feraient comme ils se sont faits au chemin de fer du Cayor ou à celui du Sénégal-Niger, et certainement d'autant plus volontiers que ces routes seraient *leurs* routes, qu'on pourrait en encourager la construction par des primes, des récompenses, des médailles toujours si fièrement portées sur les boubous de guinée.

L'impôt, ainsi partiellement transformé en « journées de travail », prendrait un caractère hautement moralisateur, un caractère d'éducation. Il pourrait même apparaître comme une marque du souci que nous avons de l'intérêt des Noirs, tandis que, payé comme il l'est aujourd'hui, il leur semble indiquer surtout notre recherche de la richesse-métal, et leur donne à penser que nous ne sommes venus au Soudan qu'avec le seul désir d'exploiter le pays et ses habitants. C'est faire un funeste raisonnement que de dire : « les Noirs peuvent nous payer telle ou telle somme; ils la payaient à Ahmadou et ne jouissaient pas de leur sécurité actuelle »; car c'est abaisser notre rôle à celui d'Ahmadou et notre devoir est de nous montrer, sans fausse interprétation possible, supérieurs à ce barbare. Et ne doit-on pas aussi observer que le Soudan a, avant tout, besoin de se repeupler et que, vraiment, l'impôt de capitation, qui frappe les villages par tête d'habitant, est un singulier moyen d'encourager à cette nécessaire repopulation ? Exigeons cet impôt, c'est chose indispensable ; mais réglons-le de telle façon que le Noir qui le paie puisse en tirer profit comme nous qui le recevons. La « journée de travail », librement consentie comme mode de paiement, paraît devoir satisfaire à ce but.

Tels sont les principes généraux que nous voudrions voir suivre comme base de notre action civilisatrice au Soudan. Pour faire rendre à ces principes leur maximum d'effet, il faut que les fonctionnaires, militaires et civils, connaissent à fond les mœurs et le caractère des indigènes auxquels ils ont mission de les appliquer ; car cette application est affaire de tact, d'habileté, de patience et aussi, tout à la fois, d'énergie et de modération.

Or, on ne peut connaître véritablement le Noir que si on a vécu assez longuement à son contact. Il faudrait donc une certaine permanence du personnel administratif, dans les mêmes postes ou du moins dans les mêmes régions. Dans l'hinterland immédiat du Sénégal, de la Guinée, de la Côte d'Ivoire ou du Dahomey, le pays et l'habitant diffèrent de ce qu'ils sont dans le Sahel, sur le Haut-Sénégal, le moyen Niger ou dans la boucle de ce fleuve. La connaissance de ces différences, des nuances mêmes, est nécessaire pour l'application d'un programme sérieux de pénétration et d'assimilation des indigènes. Que l'on déplace donc, si l'on veut, lors de leur avancement par exemple, les fonctionnaires d'un poste à l'autre d'une région, mais qu'on les maintienne aussi longtemps que possible dans cette même région, qu'on les y fasse revenir après leurs congés en France et l'on aura ainsi déjà beaucoup fait pour l'accomplissement de la tâche élevée qui nous incombe.

Le délai qu'exigera l'ensemble de ces mesures, pour produire des résultats généraux très appréciables, ne semble guère devoir dépasser quelque vingt-cinq ans; c'est le temps nécessaire pour substituer aux générations des hommes âgés actuels les nouvelles générations des hommes jeunes et des adolescents sur lesquels notre action éducatrice s'exercera avec le plus de fruits. Passé ce délai, les résultats iront se multipliant les uns par les autres ; car les jeunes se trouveront grandir dans un milieu déjà en partie formé.

Alors, le rêve du Soudan prospère pourra se réaliser avec des populations vivant par elles-même, tout en nous étant acquises ; elles nous donneront alors — tirées de leur sol, souvent prodigieusement fertile, — des richesses qu'une exploitation, trop hâtive et dédaigneuse des conditions essentielles de progrès de la civilisation en pays soudanais, pourrait à tout jamais compromettre.

APPENDICE

DANS LE NORD DU SOUDAN FRANÇAIS

(NOTES DE VOYAGE)

I

DE L'ATLANTIQUE AU NIGER

Il faut avoir désiré une chose avec toute la violence que donnent la jeunesse, le goût des aventures, la passion du nouveau et du non-vu ; il faut s'être dépensé, pour atteindre son but, en courses, démarches et préparatifs de toutes sortes, avoir garni fiévreusement ses caisses de tout le nécessaire, après s'être longuement meublé l'esprit de récits de voyages, légendes, histoires d'héroïques conquêtes, qui finissent par faire de certains noms, des noms d'attraction irrésistible ; il faut tout cela, pour comprendre et sentir ce que nous éprouvions, en arrivant en vue de Dakar, par une claire et belle matinée d'octobre.

Depuis notre départ de Bordeaux, à bord du paquebot *le Brésil*, nous étions tout à nos chers projets, depuis si longtemps caressés ; nous allions pouvoir parcourir le nord du Soudan français, nous enfoncer vers l'est aussi loin que possible, gagner Kayes, le Niger, Tombouctou et peut-être pousser plus au nord, chez les nomades du désert ; notre ambition comme notre confiance étaient sans limites.

Aussi, avec quelle impatience avions-nous fouillé l'horizon de nos lorgnettes depuis que *le Brésil*, enfin sorti des tourmentes du golfe de Gascogne et du travers de Gibraltar, avait laissé à tribord Madère, puis les Canaries, pour voguer sur une mer calme, à portée de fusil des parages du Rio de Oro. Notre plaisir était tel que nous n'étions pas loin de trouver magnifique la côte plate et sablonneuse qui se déroulait devant nous; au loin, des dunes successives, se découpant sur le bleu du ciel comme les vagues d'un océan immobile, formaient un décor de majestueuse monotonie; pour tout ornement, le poste militaire du Rio de Oro, apparu tout à coup, au tournant d'une lagune, dressait, sur ce fond d'ocre, les silhouettes de ses murs blancs et de son immense drapeau espagnol que grandissaient, comme quelque emblème fantastique, la limpidité de l'air et la nudité des sables environnants.

Maintenant, c'était le port de Dakar, en vue duquel nous arrivions au lever du jour. Vite coiffés de nos casques coloniaux — depuis trois jours nous ne désirions rien tant que les mettre — nous nous précipitions sur le pont, qu'encombraient passagers et colis. Quelques maigres arbres apparaissaient, marquant la pointe du cap Vert; mais bientôt, ce cap doublé, *le Brésil*, en entrant en rade, nous découvrait l'immense étendue d'eau calme et sûre, que le cap lui-même et l'île de Gorée protègent contre les assauts de l'océan. De nombreux et grands navires, paquebots, transports, stationnaires, y reposaient tranquilles, et, dans le fond, le long des quais encore inachevés, s'alignaient, éclatantes de blancheur, les maisons de la ville. Une foule de petites embarcations, sampans, chalands de toutes sortes, se hâtaient vers *le Brésil* de toute la toile de leurs voiles.

Bientôt, toute cette flottille grouillait autour du

paquebot et nous sautions, au risque de nous rompre le cou, dans les bras de vigoureux Noirs, qui nous installaient dans leur sampan et nous jetaient, en quelques embardées, sur les quais de Dakar. Certes, nous devions avoir l'air alors de quelques valeureux conquistadores ; en débarquant, nous frappions le sol du talon, comme si nous prenions possession d'une terre nouvelle et, chose plus grave, nous ne pensions pas à nous occuper de nos bagages ; heureusement nos Noirs, rompus à ces sortes de débarquement, y pourvurent du mieux qu'il fut possible.

Dakar eût pu nous offrir un séjour très agréable avec ses larges avenues bordées de maisons blanches, ombragées d'arbres bien verts et parcourues par de nombreux Noirs, au milieu desquels les Ouoloffs se distinguaient par leur stature élevée, leur allure solennelle et la pureté de leur type. La matinée était délicieuse, sous la brise du large, en ce commencement de saison sèche, sorte de printemps africain, où le soleil n'est pas trop ardent, l'air léger, sans humidité. Mais, notre hâte était si grande d'aller de l'avant, que nous étions incapables d'apprécier, comme elle le méritait, la douce sensation de bien-être et de fraîcheur qui se dégageait de tout cet ensemble. Nous ne nous la rappelâmes que plus tard, lorsque nous fûmes perdus dans les sables du nord de Tombouctou et, aujourd'hui encore, nous n'y pouvons penser sans songer à toutes les tristesses que doit accumuler la fièvre jaune, quand elle ravage cette oasis si prospère et si merveilleusement située au bord de l'Océan.

Ce dont nous nous souvînmes aussi, dans nos courses à travers le Soudan, alors que nous marchions escortés par quelques hommes de nos troupes indigènes, ce fut de l'admiration que nous avait inspirée, dès notre arrivée, la vue des tirailleurs et des spahis sénégalais, soldats superbes, au physique vraies statues de bronze, et que nous savions être, au moral, les plus précieux et les plus dévoués auxiliaires de la colonisation française. Toutes les qualités d'endurance, de discipline, de fidélité, que les mille expéditions, auxquelles ils prirent part, disaient exister en eux, nous les retrouvâmes aussi nettes et aussi belles chez leurs cadets du Soudan, dont les cases se groupent en villages de smalas près de chacun de nos postes et dont les tombes, par une mesure touchante, s'alignent, dans les cimetières européens, à côté de celles de leurs chefs « blancs ».

Dès le lendemain de notre débarquement, dix heures de chemin de fer nous faisaient parcourir les quelque 300 kilomètres, qui mènent, par le Cayor, de Dakar à Saint-Louis.

Sur tout le trajet, que d'observations à faire, qui montrent combien la colonisation peut transformer un pays, naguère réputé comme inculte. Rufisque, Thiès, Tiouaouane, Mekké, Louga viennent affirmer, par leur activité, la prospérité de la colonie ; les arachides y abondent, en partent par trains entiers à destination de Dakar. La population noire se presse en foule dans ces villes ; elle prend part aux transactions commerciales, fournit aux différents services — chemin de fer, télégraphes, maisons européennes — la majeure partie de leurs employés, jette dans les gares une animation extraordinaire, les faisant ressembler parfois, par la jacasserie ininterrompue des femmes, par le bariolage de leurs *boubous*[1] ou de leurs serre-tête en soies de couleurs vives, par la profusion et les dimensions vraiment exotiques de leurs bijoux d'or, à quelques immenses volières, où l'on aurait rassemblé les oiseaux les plus piailleurs et les plus colorés du Centre africain. Vraiment, la femme indigène nous apparaît là, si amoureuse de ce qui brille, si changeante en ses désirs toujours nouveaux de colifichets, si jalouse aussi de ses voisines, que nous la trouverons, plus tard, déjà très loin de la femme encore primitive du Soudan français. Et cependant, là comme ailleurs, elle apporte sa bonne part à l'œuvre de civilisation ; car le Noir, bien que polygame, aime ses femmes et secoue sa paresse native pour travailler et pouvoir ainsi les parer à son gré.

Cette traversée du Cayor nous avait donné, par sa population au moins, une sensation d'Afrique ; Saint-Louis allait nous ramener en Europe. A voir cette ville, avec son immense pont Faidherbe, jeté sur le Sénégal, avec ses rues larges et alignées, bordées de maisons aux façades blanchies, derrière lesquelles grouille la population indigène, avec son palais du Gouverneur, son esplanade, son kiosque à musique, ses immenses casernes, on dirait quelque cité européenne, correctement bâtie, où l'on aurait implanté une population noire spéciale, population d'aspect toujours solennel, mais moins vive, moins expansive, moins originale de costumes, affectant, une partie, de s'habiller à l'européenne, l'autre, de se vêtir de boubous sombres ou simplement blancs.

[1] Vêtements larges en forme de toges ou de longues blouses.

Pour retrouver le vrai Noir, il faut traverser un petit bras du Sénégal, gagner la mer et visiter sur les bords de la Lagune de Barbarie, soit le marché indigène, soit le village de Guet N'dar. Là, la vie africaine renaît ; il est dix heures du matin ; le marché est tout activité ; les petits tas de sucre, de café, de sel, de mil, les calebasses de lait, les étoffes de guinée, les colliers en faux corail, en verre de couleur, les *gris-gris* [1] en cuir, en métal, les foulards, les peignes s'y alignent devant les marchandes ou les marchands indigènes, tranquillement assis sur leurs talons. On croirait, tellement chaque étalage est restreint, tellement les objets qui les composent sont chacun dosés, répartis, métrés en petites quantités, que l'on a devant les yeux des sortes d' « épiceries de poupées ». Et, plus on s'avancera en Afrique, plus se précisera ce caractère des marchés indigènes. C'est que, si le Noir est versatile et tenté d'acheter souvent, il n'achète jamais que très peu à la fois, ce qu'il lui faut, et rien de plus ; il se réserve ainsi de pouvoir recommencer. Mais, qu'on ne croie pas que, pour cela, les ventes se fassent facilement ! Loin de là ! les commères discutent, bataillent, marchandent, et le tapage de volière bat son plein.

Au village noir de Guet N'dar, en ces mêmes moments, tout est plus calme. Les heures chaudes du jour approchent. Aux abords des cases, les femmes finissent de piler le mil, dans de grossiers mortiers ancestraux, formés de troncs d'arbre à peine équarris; le couscous se prépare ; ceux des membres de la famille que leurs occupations n'appellent pas au dehors sont accroupis à l'ombre, sur le pas des portes, fumant

[1] Sortes d'amulettes ou de talismans.

ou se polissant les dents avec un morceau de bois tendre ou encore palabrant avec quelque voisin ; le repos est leur suprême bonheur et ils en usent en bons philosophes. C'est dans ce décor de tranquillité que les diverses cases, sortes de ruches d'abeilles ou de pigeonniers, aux toits de chaume pointus, s'alignent jusqu'à la mer, en une large avenue de sable étincelant, bordée de magnifiques palmiers, géants d'âge et de taille respectables, qui ne rappellent ceux de la Promenade des Anglais de Nice que comme les peupliers de la Beauce rappellent ceux des bergeries d'enfants.

Nous nous sommes émus de ces spectacles africains ; mais, loin de nous retenir ici, notre émotion ne fait que surexciter notre impatience ; nous voulons « la brousse », sans maisons, sans villes, sans chemins de fer — la libre vie et le libre horizon. — Un vapeur, auquel le niveau des eaux du Sénégal permet encore de remonter le fleuve jusqu'à Matam, appareille demain ; nous le prendrons. L'occasion du reste ne se retrouverait peut-être pas ; car la saison sèche avance, le fleuve baisse, et certains des seuils sablonneux ou rocheux qui le coupent au delà de Podor, pourraient bien, si nous nous laissions gagner par le temps, ne plus être franchissables par les vapeurs.

Oh ! les lenteurs et les incertitudes de la navigation sur le Sénégal !

Notre bateau, qui cale de 1 m. 20 à 1 m. 30, mesure environ 25 mètres de long et se présente bien à l'œil. Il a presque l'air capable de tenir la mer et de fournir ses 8 ou 10 nœuds à l'heure ; mais il n'a pas la liberté de ses mouvements. A ses flancs, à son arrière, sont accrochés une dizaine de chalands de tout tonnage, chalands bondés de marchandises et de voyageurs indigènes, qui l'alourdissent et vont considérablement retarder sa marche. C'est toute une flottile qui est suspendue à lui ; aussi démarre-t-il avec précaution et ne peut-il marcher qu'avec prudence, avec solennité aussi, comme une mère gigogne qui s'avancerait très fière d'avoir ses enfants groupés autour d'elle.

Le capitaine, un métis de la plus belle sépia, vieux routier qui connaît admirablement son fleuve, n'est pas sans inquiétude sur le trajet que pourra fournir son navire. Jusqu'à Podor, rien à craindre ; le Sénégal, d'une couleur terreuse, est très large et surtout profond ; la navigation y est toujours facile. Mais, après Podor, les difficultés commencent. Nous voici en novembre, bientôt en pleine saison sèche ; le fleuve, qui, dans la saison des pluies, de juin à octobre, coulait à pleins bords entre ses rives escarpées et offrait une route praticable jusqu'à Bakel et même jusqu'à Kayes et Médine, voit ses eaux baisser. Son niveau sera-t-il encore assez élevé pour que nous ne soyons pas arrêtés par les barrages naturels, qui le partagent en bassins successifs, à Aleibé, à Saldé, à Kaédi, à Matam ? Au delà de ce dernier point, il n'y faut plus songer, à cette époque de l'année, les seuils rocheux de Bakel et Tamboukané n'étant alors franchissables que par des bateaux calant au plus de 30 à 35 centimètres.

La vie à bord ne présente du reste pas un intérêt suffisant pour que l'on désire la voir se prolonger. Nous sommes une trentaine de passagers entassés sur notre peu confortable bateau. La nuit, dix couchettes seulement sont à notre disposition, toutes placées dans une seule et même grande cabine, où l'on étouffe, où l'on est dévoré par des moustiques insatiables ; mieux vaut s'installer sur le pont, y déployer son lit de camp, s'y couvrir de sa moustiquaire et jouir de la fraîcheur des soirées et des nuits du novembre africain. Le jour, le temps passe encore assez agréablement pendant la matinée, alors que le soleil n'est pas très violent; mais, quand vient midi, on atteint à l'ombre 37 ou 38°, et, bien qu'en partie protégé par les toiles, tendues en vélum sur le pont, on se déplace en vain pour échapper à la chaleur ; — et pourtant ces 38° qui, au départ, nous semblaient une température de fournaise nous donneront au retour du Soudan une sensation délicieuse de printemps.

Point ou peu de distractions. Le Sénégal reste large et les rives très éloignées. On voit, au passage, se silhouetter sur la rive sud, qu'habitent les populations noires, quelques cases de villages ou les bâtiments de Richard Toll et de Dagana ; sur la rive nord, où nomadisent les Maures, rien ; nous en sommes trop loin pour y discerner quoi que ce soit. Mais, passé Dagana, le fleuve se rétrécit ; le capitaine, qui choisit avec soin sa voie au milieu des méandres et des îlots, nous annonce Podor et brusquement le poste français nous apparaît au détour d'un coude.

Une escale d'une heure nous permet de nous jeter rapidement à terre, avec cette impatience qu'éprouvent tous les nouveaux venus en Afrique. Nous parcourons le village noir, enfonçant dans le sable jusqu'à la cheville, nous arrêtant, ici pour boire du lait frais que des femmes peuhls, ces laitières incomparables, vendent par grandes calebasses au coin de quelque carrefour, là pour acheter des *gargoulettes*, sortes d'alcarazas en terre cuite, que fabriquent les Ouoloffs et Bambaras. Les cases des indigènes sont tout en terre, aussi bien les murs, percés d'étroites ouvertures, que les toits formant terrasses ; on dirait, à voir l'ensemble de ces constructions, des rangées de dés à jouer à moitié enfouis dans le sable ; entre eux, d'assez grands enclos fermés de murs de terre forment parcs à bétail. Ce ne sont plus là les cases, ruches d'abeilles, du village noir de Saint-Louis, et notre curiosité est satisfaite de cette diversité ; mais, nous ne savions pas alors que l'architecture noire n'avait que ces deux seuls types de constructions et qu'à l'avenir, durant notre séjour en Afrique, il faudrait nous contenter de revoir tantôt l'un, tantôt l'autre.

Maintenant, notre vapeur monte vers Saldé. Les rives du fleuve se rapprochent ; la baisse des eaux laisse voir leurs escarpements et le Sénégal ainsi endigué prend l'aspect d'un véritable canal. Sur les ressauts étagés des bords, apparaissent les différentes cultures de mil, maïs, petits oignons, faites par les indigènes dans les terrains d'alluvion, cultures dont la rapidité de croissance est telle que, sitôt les pluies terminées, on peut procéder, avant l'arrivée des grosses chaleurs du milieu de la saison sèche, à deux ou trois plantations successives.

Le spectacle devient intéressant. Sur la rive maure, circulent d'immenses troupeaux que conduisent un ou deux nomades, juchés sur d'énormes bœufs à bosses. Sur la rive noire, à chaque village que nous longeons, viennent se grouper les indigènes, tout en joie d'assister au passage du vapeur et nous saluant de cris variés ; leurs costumes n'ont plus la variété ni la richesse retative de ceux du Cayor ; ils se composent uniformément, pour l'un et l'autre sexe, de quelque pagne roulé autour des reins, et encore, pour les enfants, semble-t-on, la plupart du temps, considérer ce morceau d'étoffe comme superflu. La vie paraît se concentrer sur ce fleuve, qui est vraiment, dans ces pays torrides, la meilleure source du peu de bien-être que peuvent se procurer les populations : tout le monde y barbote, les enfants pour leur plaisir, les femmes, avec leur dernier né attaché sur les reins, pour y nettoyer leurs primitifs vêtements et leurs calebasses, les hommes pour y pêcher quelques-uns de ces excellents poissons auxquels les officiers de la colonie, la plupart « capitaines », ont fait la gracieuseté de les nommer de leur propre titre.

En dehors des villages, les indigènes sont remplacés sur les rives par de superbes et nombreux crocodiles, qui, aux heures chaudes du jour, se complaisent à s'étirer au soleil. Alors la grande distraction à bord est de saluer ces paisibles philosophes de quelques cartouches Gras ; les paris s'engagent pour ou contre les tireurs, et bientôt c'est une véritable fusillade, souvent aux applaudissements des Noirs qui ont pu observer de loin les péripéties de la chasse et sont enchantés d'être débarrassés d'une partie de ces dangereux voisins. Ainsi on fait le bien en s'amusant et on écourte le temps du voyage.

Nous voici à la hauteur de Kaédi, dont nous voyons les bâtiments du poste, avec leurs créneaux, leurs meurtrières et leurs canons, sur une hauteur de la rive maure, à quelque distance du fleuve : c'est le seul poste jeté de ce côté du Sénégal, pour contenir les nomades et leur imposer le respect de notre drapeau. Nous ne faisons que passer et continuons vers Matam, mais avec quelles précautions ! Tantôt nous suivons le milieu du fleuve, tantôt nous louvoyons d'une rive à l'autre pour chercher le chenal le plus profond. Un Noir est à l'avant qui jette la sonde et annonce de temps à autre les fonds qu'il a relevés : 1m,40, 1m,50, 1m45... Nous nous prenons à suivre avec intérêt cette annonce monotone. Nous calons 1m,30 ; allons-nous être obligés de nous arrêter? Voici Matam, que nous dépassons. La sonde accuse 1m,35. Machine en arrière ! Le capitaine ne veut pas s'engager au delà et risquer de s'enliser ; nous revenons sur nos pas et débarquons à Matam, où viendront nous prendre dans quarante-huit heures des chalands demandés à Kayes.

Ces quarante-huit heures d'arrêt, après cette course de plus de quinze jours en paquebot, chemin de fer et bateau, sont comme un soulagement, et bientôt nous avons l'impression d'avoir reconstitué notre home dans la case indigène où nous nous installons, au milieu des cases de toute une famille noire, qui suit d'un œil émerveillé les préparatifs de nos boys, l'installation de notre cuisine, le dressage de nos lits de camp. Et pourtant, ces Noirs de Matam doivent se juger très civilisés ; l'un d'eux, qui parle à peu près le français (il a été employé autrefois à la direction d'artillerie de Saint-Louis), disserte avec faconde sur ses droits d'électeur ; il connaît même la loi sur les réquisitions militaires ! Somme toute, ce sont de braves gens, qui nous aident à retrouver nos caisses dans le chaos des colis débarqués et nous guident dans nos parties de chasse.

Mais les chalands attendus sont arrivés et il faut réembarquer. Ce sont des bateaux plats, longs de 5 ou 6 mètres, larges de 2 environ, ne calant que 30 centimètres et surmontés de cabines en bois ou de paillottes, vraies rôtissoires pendant les heures chaudes du jour. Nous avons 300 kilomètres à faire de Matam à Kayes, et nous ne pourrons guère marcher à plus de 30 kilomètres par jour. Six *laptots*, sous les ordres d'un chef, manœuvrent chacune de ces embarcations et Dieu sait qu'elles ne sont pas légères. S'il y a de la brise et qu'on puisse l'utiliser, tout va bien : on tend les voiles et on file sans secousse, tout le monde étant au repos ; sinon, on n'avancera qu'à force de rames, ou à coups de gaffes ou encore à la cordelle, remorqué par l'équipage de laptots, qui sue sang et eau sur la rive, s'ouvre un passage dans les cotonniers, s'écorche aux ronces, glisse dans les marécages du bord, crie, se chamaille, chante quelque mélopée plaintive pour s'entraîner et se soutenir, se jette à l'eau pour rejoindre le chaland ou pour le dégager, mais donne l'exemple d'une endurance, d'un dévouement, d'une conscience à remplir son devoir qui ne sont pas sans mériter l'estime.

A chaque instant, du reste, bien que nous ne calions que quelques centimètres, nous risquons de nous envaser. Nous devons nous faufiler à travers les bancs de sable ou dans les intervalles laissés entre les rochers, dont les têtes apparaissent en plusieurs points, en avant de Bakel d'abord, puis en amont de ce poste, et enfin à Tamboukané, le dernier barrage avant d'atteindre Kayes, mais aussi le plus dangereux, car il est le plus élevé et n'est guère franchissable, lors des pluies, que pendant une soixantaine de jours par les vapeurs du type de celui qui nous a transportés de Saint-Louis à Matam.

Aussi peut-on dire que c'est à deux ou deux mois et demi seulement qu'est réduite la praticabilité réelle — la praticabilité commerciale — du Sénégal entre Saint-Louis et Kayes, c'est-à-dire celle qui permet à des vapeurs, de tonnage suffisant pour assurer un rendement profitable, de transporter directement, sans transbordement et en une dizaine de jours, des marchandises sur les 900 kilomètres qui séparent ces deux villes[1].

Pour nous, qui sommes friands d'impressions et d'observations, le voyage en chaland n'est pas sans attrait. Pendant les premières et les dernières heures du jour, on descend à terre, on s'écarte du fleuve, courant la brousse, traversant de grandes étendues de cotonniers sauvages, cheminant dans de maigres forêts, à la poursuite de quelque gibier; on traverse les villages de la rive noire, Fora, Adabèré, Gande, tous pourvus de leurs champs de culture, puis l'importante escale de Bakel, avec ses quais bordés de magasins de traitants, ses nombreux groupes de cases indigènes, son village de tirailleurs, son poste solidement construit à un coude du Sénégal, qu'il bat de ses canons. On revit quelques instants, à voir ces appareils de défense, heureusement à peu près inutiles aujourd'hui, les temps de la conquête du haut fleuve; puis on reprend la mar-

[1] La question de la navigabilité du Sénégal entre Saint-Louis et Kayes vient de faire de sérieux progrès. Des travaux de balisage ont été exécutés dans ce fleuve, de mars à juillet 1904, sous la direction des lieutenants de vaisseau Mazeran et Dyé; des tours et signaux ont été élevés pour signaler aux navigateurs les barrages dangereux, des dérochements importants effectués à la dynamite pour supprimer dans les chenaux navigables les têtes de roc isolées. En outre des études sont poursuivies en vue de fixer le programme des travaux à exécuter pour rendre le fleuve praticable en toutes saisons à des vapeurs fluviaux et remorqueurs qui mettraient Kayes à deux ou trois jours de navigation de Saint-Louis. On a reconnu d'autre part, après examen sur les lieux, que l'établissement d'une voie ferrée reliant le chemin de fer de Dakar-Saint-Louis à celui de Kayes-Koulikoro ne rencontrerait aucune difficulté technique sérieuse.

che, arrêté tantôt par quelque incendie de brousse — spectacle de joie délirante pour les Noirs, mais nécessaire, disent-ils, à la préparation des cultures — tantôt par quelque marigot important, comme la Falémé, cette ancienne limite entre les colonies du Sénégal et du Soudan, que l'on franchit tant bien que mal, en se mouillant consciencieusement et sans trop penser aux paillettes d'or que charrient ses eaux. Le soir, c'est la halte aux abords d'un village, la course aux œufs, aux poulets, au lait frais, le dîner sur la berge, à la lueur des photophores, au milieu d'un cercle d'indigènes, dont les yeux ahuris disent la stupéfaction de voir combien est compliquée la vie des civilisés. La nuit, on couche sur la rive ou sur les toitures des cabines des chalands et l'on dort, sans cauchemars, malgré les hurlements d'hyènes lointaines ou les appels de bandes de singes en promenade nocturne.

Kayes, la capitale de ce qui administrativement formait la colonie du Soudan avant les décrets de dislocation de fin 1899, Kayes, où nous arrivons après une vingtaine de jours d'isolement et de navigation sur le fleuve, nous surprend presque par ses quelques quais en pierre, par sa large rue principale courant le long du Sénégal et ses places bordées de lourdes habitations européennes : bâtiments du cercle militaire, qui autrefois formaient le « réduit » de la défense de la place; locaux de la direction d'artillerie, des services administratifs, des postes et télégraphes, de la gare; entrepôts où les commerçants mettent à l'abri leurs marchandises d'échange, qui viennent naturellement se croiser en ce point, puisque c'est là que débouchent et se rejoignent les deux plus grandes voies commerciales de cette partie de l'Afrique : le fleuve, route de la côte et de l'Europe; le chemin de fer, route du Niger et de l'intérieur du Soudan.

Et quelle vie active dans les rues de la ville, en dehors des heures où le soleil accable tout de sa violence ! Ce ne sont qu'officiers ou fonctionnaires de passage ou en résidence ; commerçants blancs et de couleurs ; Noirs de toutes races et de toutes régions, fétichistes ou musulmans, chefs appelés au gouvernement, suivis de leurs clients ou traitants venus pour leurs affaires. On trouve là des spécimens d'à peu près tous les types : Maures de la rive droite ou du Sahel, au teint d'un blanc sale ; Ouoloffs d'un noir d'ébène ; Toucouleurs de toutes teintes ; Peuhls, au profil égyptien, aux cheveux lisses, à la peau café au lait ; Sarracolets aux museaux de singes ; Bambaras et Malinkés, à la face bestiale et aux cheveux crépus. De ce côté, voici l'inévitable marché indigène, avec ses toujours minuscules tas d'objets variés, mais éclairé le soir de quelques bougies qui peuvent bien être prises ici pour les « flambeaux de la civilisation » ; de cet autre, c'est le garage des « lorrys », wagonnets sur rails que poussent des indigènes et qui mènent au « plateau du Gouvernement », à 100 ou 150 mètres d'altitude au-dessus du fleuve et distant de lui de quelque mille mètres.

Sur ce plateau sont les pavillons du lieutenant-gouverneur, de son état-major, du génie et de l'hôpital, massives constructions en pierres avec vastes vérandas et terrasses, réalisant à peu près les conditions d'hygiène indispensables pour l'Européen en ces régions. Montons sur une de ces terrasses : devant nous, s'allongent le Sénégal et la ville qui le borde ; du fleuve s'élève une buée légère qui estompe toute la vallée et transporte au loin les miasmes dangereux de ses rives; de tous les autres côtés se dressent les cases pointues des nombreux villages noirs que coupent de larges avenues sablonneuses et que bornent vers le sud-est des collinettes, solennellement appelées, probablement par manque de points de comparaison : « monts de Médine ».

Dans tous ces villages, la vie noire est, dans ses grandes lignes, ce que nous l'avons déjà vue au Sénégal; mais elle y apparaît plus complète; car elle n'y a pas encore perdu ce qui en fait un des principaux caractères : la captivité — nous voulons parler de la « captivité *de case* », et non de « celle *de traite* », qui est, hâtons-nous de le dire, sévèrement et impitoyablement réprimée et interdite sur toute l'étendue de nos possessions.

Au Soudan, le captif de « case » est quelque chose comme un vieux domestique, qui reste, de père en fils, attaché à la même famille ; il ne peut et ne doit être ni vendu ni séparé de sa femme ou de ses enfants; s'il s'engage dans nos troupes ou s'il se rachète, il est libre de droit; s'il n'est pas traité avec toute l'humanité désirable et qu'il s'en plaigne, on le place immédiatement dans un *village de liberté*. Ces villages sont des sortes d'asiles installés à l'abri de nos postes et d'où le réfugié sort, quelque temps après, légalement libre. Ainsi, peu à peu, se libèrent bon nombre de captifs de case.

Est-il besoin d'ajouter que le but à atteindre doit être de faire disparaître complètement cette caste de la vie indigène et que l'on y arrivera certainement rapidement, sans bouleversements et surtout sans insurrections, en amenant le Noir à comprendre et apprécier les avantages du travail rétribué, comme le savent faire dès maintenant les populations du Sénégal? Rien ne semble mieux préparer le Soudan à cette évolution nécessaire que les efforts accumulés sur toute l'étendue de la colonie, pour transformer par l'éducation ces populations hier encore à demi sauvages, soit que l'on s'adresse aux enfants dans les écoles qui fonctionnent dans tous les postes, soit que l'on engage, par tous les moyens possibles, les hommes à se livrer à l'agriculture, à l'élevage, à l'industrie textile ou qu'on les associe, contre un payement rémunérateur, aux travaux de toutes sortes que l'administration entreprend. Les Noirs, qui vivent à nos côtés et sous notre influence journalière, commencent à savoir que la fortune ne se compte pas seulement « en captifs », que d'autres éléments interviennent dans cette question : il faut que cette notion se généralise.

Du reste, il semble que ce qui contribue, chez les indigènes, à faire supporter par tous, sans efforts apparents, l'existence de la captivité de case, ce n'est pas seulement la tradition qui, en ces pays, remplace la loi, mais aussi le côté absolument patriarcal et simple de la vie. On peut dire que, matériellement, le captif et son maître sont peu différents l'un de l'autre ; ils mangent le même couscous[1] avec plus ou moins de mouton, se vêtissent de la même guinée et couchent sous des cases de même espèce. Seulement, le maître palabre, se polit les dents, va à la mosquée, dort au soleil, pendant que le captif ou la captive font paître les troupeaux, s'occupent des soins de l'intérieur, pré-

[1] Plat de mil pilé avec ou sans viande hachée ou grillée.

parent les semailles dans des terrains qu'ils ne prennent même pas la peine de labourer, ou ramassent les récoltes, tous travaux très simples et dont on se ferait une idée fort exagérée, si on se les figurait d'après ce qu'ils sont en Europe. Le soir, tout le monde se retrouve auprès des mêmes calebasses, et nous ne pouvons oublier quelle impression de paix profonde, de confiance réciproque, nous ont laissée certaines de ces réunions, au cours de soirées de notre voyage, où, campés chez quelque vieux chef de case, nous voyions tout son monde manger à sa faim, digérer en faisant cercle autour d'un conteur de légendes ou en organisant des tams-tams aux danses et cris variés, puis se livrer au repos, sans que rien soit venu troubler la parfaite harmonie de ces tableaux bibliques.

Ces traits des mœurs noires peuvent déjà, pour la plupart, être observés dans les villages mêmes de la banlieue de Kayes, bien que ceux-ci soient en contact direct avec la civilisation, représentée par tous ses principaux organes. Les coups de sifflet des locomotives, qui mènent vers Médine, Badumbé, et nous emporteront plus à l'est, vers le Niger, ne semblent pas troubler les chants que nous entendons s'élever, le soir venu, des milliers de cases qui nous entourent.

En Europe, lorsque l'on veut construire un chemin de fer, on peut tabler sur des bases fermes; on fait ses plans et on les exécute. Aux colonies, et surtout dans une colonie aussi mal connue et aussi discutée que le fut longtemps le Soudan, les choses ne se passent pas aussi simplement; il faut compter avec les budgets, faire économiquement et, souvent alors, on s'aperçoit que l'économie est aussi nuisible que la prodigalité. On ne s'est peut-être pas rendu suffisamment compte que le sol était très meuble; que la voie devait être établie très solidement sous peine d'être enlevée par les tornades de l'hivernage; que, trop étroite, elle ne serait ni assez résistante pour les déluges de la saison des pluies, ni assez puissante pour les transports; que, sans ouvrages d'art, il faudrait imposer aux marchandises des transbordements incessants, aux passages de tous les marigots; et, ces constatations une fois acquises par l'expérience, on doit reprendre son œuvre.

Le chemin de fer de Kayes au Niger, construit d'abord à voie de 0m,60, sans ponts, sans terrassements suffisants, dut être refait à voie de 1 mètre. Actuellement, il est muni de tout ce qui lui est nécessaire pour fonctionner normalement sans discontinuité; il franchit le Bakoy sur l'immense pont métallique de Mahina, qui vient d'y être jeté, et on peut espérer qu'en 1904 ses locomotives entreront dans les gares de Toulimandio ou de Koulikoro, sur le bord du Niger, en aval des rapides de Soutoucha[1]. Ce jour-là, Dakar sera réuni à Tombouctou par une voie, formée tantôt de lignes ferrées, tantôt de fleuves qui malheureusement ne sont pas toujours entièrement praticables aux bateaux à vapeur. Il suffira aux voyageurs des agences Cook, qui voudront visiter la « ville mystérieuse », de choisir leur saison pour éviter les basses eaux et les pertes de temps qui en résulteront.

[1] Ce chemin de fer vient d'atteindre Koulikoro ; le premier train de service est entré le 28 novembre 1904 dans cette gare qui, le 10 décembre suivant, a été déclarée ouverte à l'exploitation. Ainsi se trouvent désormais en communication directe les points les plus extrêmes de la navigation des deux fleuves, Sénégal et Niger, qui par leurs cours opposés traversent toute l'Afrique occidentale française.

On avait bien essayé de devancer l'époque où le chemin de fer atteindrait le Niger, en organisant un service d'automobiles entre les gares terminus momentanées et ce fleuve ; mais les automobiles n'ont pu rouler sur des routes sans consistance ; force a été d'y renoncer et de recourir au vieux système des convois et de la marche à cheval ou à mulet. Dans ces conditions, et lorsque la voie ferrée ne dépassait pas Badumbé, par exemple, on mettait pour faire le trajet de Kayes au Niger quinze jours environ, dont un en wagon, pour parcourir les 200 kilomètres de Kayes à Badumbé et les autres en convoi, pour franchir les 300 kilomètres de Badumbé à Koulikoro. Cette dernière et longue partie du parcours ne se faisait pas dans des conditions très agréables ; car, lorsqu'il s'agit de marcher, intervient le Seigneur Soleil, qu'il faut prendre bien soin de ne pas violenter.

Ce Monstre-Roi ne permet guère, sauf nécessité absolue, qu'on l'aborde entre 9 heures du matin et 4 heures du soir ; sinon, il se vengera de l'imprudent audacieux, soit en le frappant de quelque congestion, soit en l'abattant d'un violent accès de fièvre. Aussi respecte-t-on d'ordinaire ses lois. Pendant ses heures d'ardeur, on reste dans les campements — paillottes ou cases indigènes spécialement construites pour les passagers ; on fait l'étape pendant les autres heures, partant au milieu des nuits, après avoir confié ses bagages aux voitures Lefebvre, progressant dans l'obscurité, à moitié endormi sur sa selle. Oh ! parfois, les tristes rencontres que celles des convois où l'on aperçoit au passage quelque Européen que l'on rapatrie, miné par la fièvre ou la dysenterie, mais que soutient la volonté farouche d'atteindre Kayes, puis Dakar où touche le paquebot de France! Oh! quelquefois aussi, les douloureuses arrivées dans les postes, où vient de succomber presque subitement un camarade enlevé en vingt-quatre heures par un accès pernicieux, et comme alors la pensée se reporte vers le coin du sol natal où la famille recevra quelque temps encore les lettres d'espérance et d'affection de celui qu'elle sait déjà couché dans un cimetière d'Afrique! Ces jours-là, on est d'humeur sombre, et les histoires, les légendes que nous content les vieux chefs, dans les palabres du soir, n'ont pas le même attrait.

Et pourtant, que d'enfantine et naïve imagination, que de traits du caractère et de l'esprit noirs dans la plupart de ces contes, ayant tous quelque fond de vérité! En voici un des environs de Kita : Là résidait un indigène, qui était le *roi des sauterelles*; il tenait ces insectes, dont les bandes innombrables sont un fléau pour les cultures du Soudan, enfermés dans une case, d'où il pouvait à sa volonté les lancer, en nuages épais et dévastateurs, sur les *lougans* [1] de toute la région. Ce roi des sauterelles s'était acquis une universelle renommée, dont il tirait du reste les plus grands profits; car il n'y avait pas de trop beau cadeau pour apaiser sa colère. Un administrateur, voulant avec raison supprimer cette exploitation par trop effrénée de la crédulité des indigènes, fit incarcérer pendant quelque temps ledit monarque; mais, sitôt ce prince relâché, les sauterelles, par un malencontreux hasard, s'abattirent sur les récoltes. Et les Noirs ajoutaient : « Tu vois, le roi s'est vengé! » Grands enfants, pour lesquels le gri-gri — talisman qu'ils portent

[1] Champs de culture.

tous et payent quelquefois fort cher à quelque marabout — est le premier et le dernier mot de la foi comme de la science, et qu'il faut prendre doucement par la main pour les sortir lentement, et sans qu'ils puissent même s'en apercevoir, de la nuit obscure où ils vivent depuis des siècles.

Cette crédulité inouïe fait que le Noir est d'une timidité d'esprit incroyable, à tel point qu'il n'osera rien tenter de contraire à ses traditions, qu'il n'osera rien modifier de ce qu'il sait avoir été fait par ses ancêtres, qu'il repoussera même toutes vos propositions d'améliorations, à moins qu'il ne soit convaincu que vous possédez des gris-gris supérieurs aux siens, ou à moins encore que vous ne vous adressiez à sa vanité. Comme chefs, nous nous imposons à lui; car nos succès lui ont montré que nos gris-gris ne pouvaient, sous ce rapport, avoir de rivaux. Mais, comme agents de civilisation, nous ne réussissons guère à le frapper actuellement que par le côté extérieur et futile; cet indigène est à peine vêtu, mais il est coiffé d'une calotte de velours; cette femme Ouoloff peut faire tenir dans une calebasse tout ce qu'elle possède, mais elle a un superbe parapluie; quant à ces pileuses de mil, cherchez à leur faire comprendre, — si elles sont près des moulins que la colonie a installés à Koulikoro, pour son blé du Niger, — qu'elles feraient mieux d'y recourir plutôt que d'employer leurs mortiers par trop primitifs, vous n'y parviendrez pas. Vous n'obtiendrez pas plus de succès auprès de ce tisseur indigène, qui fabrique des bandes à peine larges d'une quinzaine de centimètres et qui ne voudra pas d'un procédé lui permettant d'en faire plus rapidement de beaucoup plus vastes.

Tout ce pays de Kayes à Bammako présente les mêmes caractères que la région du Sénégal. Quand il est suffisamment arrosé, on trouve, sur le bord des fleuves Bafing, Bakoy, Baoulé, Banding-Ko ou autres marigots moins importants, une brousse haute et vigoureuse où paissent de nombreux troupeaux, des cultures de mil et de maïs, de longues bandes d'un coton qui croît tel quel, sans soins spéciaux et dont la laine est courte et dure. Mais sur les plateaux, la végétation est plus rare, plus misérable; pas de cultures; rien qu'une herbe maigre, déjà desséchée, bien que nous ne soyons qu'en fin de novembre et, en certains points, de grandes forêts, méritant à peine ce nom — tant les arbres y sont clairsemés — et faites du reste d'essences à peu peu près inutilisables pour la construction : baobabs gigantesques, aux troncs creux et tourmentés, aux branches pelées, faux gommiers au bois épineux.

Le tout est jalonné par les postes de Médine, porte d'entrée de la région du Sahel; de Bafoulabé, où débouchent le Bafing et les directions du Fouta-Djallon; de Badumbé; de Kita; tous bâtis solidement en pierres comme ceux du Sénégal, et permettant tous de résister avec de faibles effectifs à des attaques sérieuses. Ces postes sont les derniers que nous rencontrons de cette sorte; ils ont été élevés au temps de la conquête méthodique du haut fleuve, alors qu'il fallait lutter contre des bandes aguerries et que tous les indigènes n'étaient pas encore convaincus de la réalité de notre force. Plus tard, sous l'impulsion du mouvement d'expansion coloniale qui emporta la France, dans la hâte aussi qu'il fallut déployer pour devancer en de nombreux points les projets des Anglais, on se contenta de postes plus simples, construits à la mode des *tatas*[1] indigènes, en terre battue et durcie ; mais le prestige indiscuté dont nous jouissons maintenant, les gris-gris innombrables et invincibles dont les Noirs nous croient pourvus, le dressage, la confiance absolue et le dévouement à toute épreuve de nos tirailleurs rendent ces fragiles édifices aussi puissants et aussi imprenables que les plus solides réduits en fer ou en pierre de taille. Ce sont des postes de cette espèce que nous rencontrerons généralement à partir de Bammako.

[1] Retranchements qui entourent des villages ou des résidences de chefs.

II

LE NIGER ET LES STEPPES DU NORD

Dans tous voyages de quelque étendue, il est généralement certains points tels que la vue qui s'y développe et les pensées qui naissent dans l'esprit font oublier les difficultés qu'il a fallu surmonter pour les atteindre et récompensent des fatigues que l'on a pu endurer; les hauteurs de Khati, qui s'élèvent à l'ouest et au-dessus de Bammako, peuvent, à juste titre, être considérées comme jouissant de ce précieux pri-privilège.

Aux pieds du spectateur enthousiasmé s'étend l'immense et superbe vallée du Niger, nappe de verdure et d'eau, qui se déroule à l'infini, traçant des montagnes du Fouta-Djallon jusqu'aux sables de Tombouctou, sur une longueur de plus de 1.600 kilomètres, une merveilleuse et large coupure de fertilité et de richesse, puis, après avoir porté la vie jusque sur les confins du désert, se recourbe vers le golfe de Guinée, en une gigantesque boucle où flottent encore, jusqu'à Ilo, sur environ 1.300 kilomètres, les couleurs du pavillon français.

L'esprit se prend alors à devancer l'avenir et se trace un tableau de ce que sera un jour ce pays connu d'hier : Le cours du Sénégal régularisé ou doublé d'une voie ferrée, le chemin de fer terminé de Kayes à Koulikoro mettent Dakar et le Niger en communications rapides et permanentes. La voie ferrée de Konakry amène ses trains à Timbo et à Siguiri; une autre partant de Grand-Bassam remonte la Comoé pour atteindre le Bani; une quatrième court à travers le Dahomey par la vallée de l'Ouémé et joint Porto-Novo à la région de Say. Les deux enclaves commerciales, que les dernières conventions avec l'Angleterre nous ont réservées au sud d'Ilo, sont organisées; une flottille de vapeurs parcourt le Niger, aménagé de Siguiri à son embouchure, et sert de trait d'union entre ces diverses voies[1]. Le fleuve devient un immense collecteur où aboutissent et d'où partent les communications avec toutes nos colonies côtières. Cette « route qui marche » forme notre grand courant de trafic, où circulent et s'échangent les produits de la métropole et ceux du Soudan : gommes, sel, plumes d'autruches du nord; maïs, mil, riz, blé, coton, arachides, troupeaux du centre; caoutchouc, noix de kola, huile de palme, bananes, maniocs, ignames du sud. Et, dans cet ensemble, la région Bammako, Koulikoro, Khati, où se croisent les plus importantes directions, apparaît comme le centre naturel de cette partie de nos possessions de l'Afrique occidentale.

En même temps, l'immense vallée que les guerres sauvages et les massacres sans pitié des conquérants noirs ont dévastée et dépeuplée, a retrouvé une popu-

[1] On vient de procéder à des études hydrographiques sur le Niger, pour compléter les premières reconnaissances sommaires de Caron et de Hourst. Dès l'année 1905, la colonie compte lancer sur ce fleuve trois vapeurs destinés au transport des marchandises et des passagers de Koulikoro à Tombouctou.

lation nombreuse qui s'est accrue en paix sous notre protection et qui, assurée de ne plus être dépouillée de ses biens, s'est livrée en toute sécurité au travail. Et quelle population ne pourrait pas nourrir ce Nil de l'ouest, qui fertilise d'énormes étendues de terrains par ses inondations et qui trouve, lors des crues, dans ses grands lacs Débo et Faguibine de puissants régulateurs naturels, sans qu'il soit besoin d'un Pharaon pour l'en doter! Quels troupeaux aussi n'élèverait-on pas dans ces plaines d'une verdure si vivante qui ondulent jusqu'à l'horizon !

Ces rêves d'avenir ne font que se confirmer pendant les trente jours de décembre que nous employons à franchir les 1.000 kilomètres de Koulikoro à Tombouctou, naviguant sur le fleuve tantôt en chalands, comme sur le Sénégal, tantôt en pirogues accouplées, embarcations légères, creusées à même dans des troncs d'arbres et réunies deux par deux.

Le Niger, dont les rives sont plates, laisse, au moment des crues, ses eaux s'étendre librement au loin, sur une étendue qui quelquefois dépasse 150 kilomètres ; une fois rentré dans son lit, il ne présente plus en moyenne qu'une largeur de 500 à 1.000 mètres ; mais ces mouvements d'extension et de retrait ne se produisent pas en même temps sur tous les points de son immense cours.

Au moment où nous parcourons le bief en amont du lac Débo, les eaux se sont retirées. Ce ne sont, sur les providentiels terrains d'alluvions, que plantations de coton[1], de maïs, de mil, de riz, même de blé, et, par-

[1] « L'Afrique occidentale française, dans certaines de ses régions, paraît de nature à devenir l'un des plus importants

tout ailleurs, d'infinis pâturages, faits d'une herbe haute, flexible, tendre maintenant qu'elle est à sa première période de croissance ; les troupeaux, qui y paissent sous la surveillance de leurs bergers peuhls, semblent, bien que nombreux, comme perdus dans ces immensités.

Et les récoltes vont se succéder, les unes aux autres, presque sans interruptions, dans ces terres bénies, où tout l'art de l'agriculteur indigène consiste à gratter le sol avec un piochon longuement emmanché, à y jeter quelques semences et à tasser avec la plante du pied. On peut dire, tellement la végétation est rapide, que l'on y voit littéralement pousser l'herbe ! Quels résultats obtiendraient donc les Noirs, s'ils étaient initiés à ce que doit être véritablement une culture ! mais cette initiation est la chose difficile, l'indigène, avons-nous dit, étant, avant tout, un homme de traditions étroites, ne comprenant pas l'intérêt qu'il peut avoir « à faire ce que n'a pas fait son père ». On a eu heureusement la bonne pensée d'ouvrir, en divers points du Soudan, et en particulier à Kayes et Bammako, des écoles d'apprentissage professionnel que commencent à fréquenter les jeunes indigènes, et où s'élèvent les éléments d'une génération, qui sera mieux préparée à demander et faire rendre à ce sol magique ce qu'il peut et doit donner.

Sur les bords du fleuve les villages sont nombreux, peuplés soit d'agriculteurs, soit de *Somonos*, classe

centres de production cotonnière du monde. Le coton y vient naturellement partout, y est particulièrement cultivé par les indigènes dans la vallée du Niger, entre Sumpi et Kankan. » (Discours de M. Roume, gouverneur général, au Conseil de gouvernement de l'Afrique occidentale française, 14 novembre 1903).

d'indigènes qui, de père en fils, exercent l'industrie de la pêche et s'y montrent du reste d'une grande habileté. Ici c'est Koulikoro, point d'attache actuel de la flottille de chalands et de pirogues du Niger; plus loin Nyamina, puis Ségou-Sikoro, qui, par Goumbou et Sokolo, communique avec le Sahel maure; plus loin, encore, Sansanding, résidence du *fama* [1] Mademba, ancien employé des postes de la colonie, auquel le général Archinard a confié, sous notre surveillance, l'autorité sur les territoires avoisinants et dont le *tata* est célèbre, sur la route de Tombouctou, autant par l'hospitalité que l'on y reçoit que par les richesses naturelles qu'il renferme : autruches, chevaux, troupeaux, barres de sel, gommes, produits de récoltes... Viennent ensuite Mopti, à l'embouchure du Bani, et, sur ce dernier fleuve, Djenné, la ville artistique du Soudan. Les cases de Djenné sont en terre, du même style que celles de Podor, mais présentent quelques-unes un étage; la population en grande partie peuhl est d'une méticuleuse propreté; les femmes, souvent fort jolies, parent les rues de silhouettes fines, élancées, où se reconnaît la race; les artisans, forgerons, tisseurs, cordonniers, offrent au collectionneur des bijoux de filigranes d'or habilement travaillés, des couvertures ou des pagnes coupés de longues rayures, des vanneries d'un tressage délicat, aux colorations vives, des cuirs de toutes sortes tannés, peints ou frappés avec un art qui étonne quand on sait de quels outils il peut disposer.

Lorsque l'on atteint le Débo et la région des grands

[1] Roi ou chef.

lacs, Faguibine, Horo, Fati, partout où portent les yeux, on ne voit que de l'eau. Ces immenses régulateurs du fleuve ainsi que le bief de Tombouctou sont pleins en ce moment de l'année ; les inondations sont si étendues que leurs limites se trouvent souvent à une centaine de kilomètres du lit du Niger. N'était l'absence de roulis et de tangage, on se croirait en pleine mer ; de violentes tempêtes, quelquefois dangereuses pour les frêles embarcations qui nous portent, viennent même parfois, lors des tornades de l'hivernage, compléter cette illusion.

Passé cette zone que gardent au nord nos postes de Ras el-Ma, Goundam, Sumpi et, au sud-est, celui de Bandiagara, le décor va peu à peu se modifier. Les limites des inondations se rapprochent progressivement du fleuve, pour venir se confondre avec lui à quelques kilomètres à l'est de Tombouctou. Alors la vallée du Niger ne sera plus qu'une large coupure au milieu des sables ; elle gardera encore dans ses environs immédiats ou aux abords des mares et marigots avoisinants son caractère spécial de fécondité ; mais, dès qu'on s'en écartera de quelques centaines de mètres, on ne trouvera plus que la désolation de terrains sablonneux, où croît péniblement une brousse étique, décolorée, qui semble desséchée aussitôt que levée.

C'est que l'on a dépassé le 15e parallèle nord et que l'on se rapproche du Sahara ; tout, dans l'Afrique occidentale, est soumis à ces deux influences contraires : la mer et le désert.

Parcourez, au voisinage de la mer, les territoires entre l'Équateur et le 8e parallèle environ, vous aurez pendant les deux tiers de l'année des pluies violentes.

La puissance de production du sol, soumis à la chaleur humide, sera telle que les couches de végétation se superposeront les unes aux autres ; c'est la région des forêts inextricables, comme celle de la Côte d'Ivoire. Remontez plus au nord, vers le 10e parallèle, considéré comme ligne centrale, vous trouverez à peu près égalité entre la saison des pluies et la saison sèche ; vous serez dans les terrains d'élevage ou de culture des céréales. Rapprochez-vous encore du Sahara, vous n'aurez plus que des hivernages très courts ; l'influence dominante sera celle de la sécheresse ; la vie se concentrera aux abords des rares marigots ou des mares, et, si vous vous élevez encore vers le nord, vous ne trouverez plus de cultures, — car il n'y a plus assez d'eau pour les alimenter, — vous verrez disparaître les installations de sédentaires et entrerez dans les territoires de parcours des nomades, qui vont, de puits en puits, demander à la nappe d'eau souterraine ce qu'ils ne peuvent plus obtenir qu'à des époques extrêmement rares et fugitives à la surface même du sol.

Déjà, à quelque 50 kilomètres en amont de Tombouctou, ce que l'on aperçoit de temps à autre permet de sentir ce que doit être le pays. De-ci de-là, des dunes sablonneuses s'élèvent au milieu des inondations, les coupant de leur jaune sombre, formant tantôt de grands îlots momentanés, tantôt de longues presqu'îles que prolonge à l'horizon une succession ininterrompue d'autres dunes ; sur les unes sont assis des villages, généralement petits, mal construits en torchis et qui ne donnent pas l'impression de prospérité des grands centres précédemment entrevus ; sur les autres, apparaissent des groupements de nomades que l'arrivée de la saison sèche commence à rapprocher du fleuve avec leurs troupeaux. Voici sur la rive droite des Touareg Irregenaten, dont les campements se déplacent ordinairement dans l'intérieur de l'Aribinda, dans cet espace désolé que limite au sud la ligne Débo, Hombori, Fafa, et que l'on appelle « la région des mares »; ces autres sont peut-être, à ce que nous dit notre chef laptot, des Tengueriguif, qui vivent soit vers le Faguibine, soit au contact immédiat du fleuve. Tous ont la figure coupée de leur légendaire voile et ils vont caracolant au galop de leurs maigres chevaux ou se prélassant à l'allure déhanchée de leurs longs et hauts méhara. Sur la rive gauche, c'est le même spectacle; des lignes de tentes brunâtres, campements de Kel-Antassar ou d'Igouadaren, se profilent au loin. On sent le désert, et nous aspirons avec plus de volupté que s'il s'agissait du plus délicat parfum les bouffées d'air chaud et les parcelles de sable ténu que la brise du nord apporte jusqu'à nous.

« Demain, nous a dit notre chef laptot, nous serons à Tombouctou ». Il nous fit cette annonce avec une joie qui montrait bien que lui aussi obéissait à cette attraction mystérieuse qu'exerce sur tous, Noirs et Blancs, la vieille et célèbre ville, et il nous expliqua, avec force détails, que nous débarquerions à Kabara. Rarement, en effet, les crues sont assez fortes pour permettre d'atteindre en chalands Tombouctou même; de décembre en avril, il faut généralement se contenter de Kabara qui en est distant de 8 kilomètres environ; de septembre en décembre, on devra s'arrêter à Day, de mai à septembre à Korioumé.

A Kabara, lors de notre arrivée, nous attendent des

chevaux que l'on a eu l'aimable précaution de nous envoyer; vite, nous sautons en selle, laissant à nos laptots le soin de s'occuper de nos bagages; nous n'avons plus guère qu'une bonne heure de jour et l'important, pour le moment, est d'atteindre la ville. Nous voilà trottant le long du marigot qui va du Niger à Tombouctou. Nous suivons une mauvaise piste, où circulent quantité d'indigènes portant des ballots sur leur tête et quantité aussi de petits ânes et de chameaux, tous chargés de nombreux et lourds colis. Nous passons à Hourrou-Meyra, où, en décembre 1893, l'enseigne de vaisseau Aube tomba sous les coups des Touareg, et saluons la simple croix de bois qui marque l'endroit où il fut frappé. Puis, tout à coup, après avoir gravi une montée, la ville nous apparaît dans le lointain, encore imprécise et semblant à l'horizon n'être elle-même, au milieu des dunes qui l'environnent, qu'un mouvement de terrain, plus coupé, plus haché, de coloris plus foncé, et qui irait en se rétrécissant vers le nord, pour finalement disparaître dans l'inconnu du désert.

La soirée est magnifique; le soleil descend à notre gauche en un globe de monstrueuse dimension; la fraîcheur de l'air devient exquise, en cette fin de jour du début de janvier; l'atmosphère est transparente; le bleu du ciel s'atténue de teintes roses avec, par endroits, des traînées d'un or pâle, légèrement vert. Tout s'accorde pour nous présenter Tombouctou dans le calme et le mystère qui conviennent si bien à sa légende.

Nous continuons notre route et, peu à peu, la ville nous apparaît plus distincte. Au lieu de l'immense mouvement de terrain que nous apercevions, nous voyons des groupes compacts de maisons en terre battue, puis, sur la circonférence, des cases en paille, en torchis. Les coupures, que nous avions observées, deviennent des rues, que jalonnent de longues lignes de terrasses, et, dominant le tout, surgissent les minarets de grandes mosquées, l'une vers l'ouest, l'autre, celle de Djingerey-Ber, vers le centre, une troisième, Sankoré, qui semble comme perdue vers le nord, dans le rose du soir et le safran des sables. Notre guide nous détaille ces monuments, qui, dit-il, datent des XIe ou XIIe siècles, puis il nous montre, vers le sud-ouest, une masse sombre, comme tapie près de la ville ; c'est le fort Bonnier, où bientôt nous voyons flotter le pavillon tricolore. Maintenant, d'autres minarets plus petits apparaissent en divers points, puis un clocher qui surmonte l'église des Pères Blancs. Enfin nous atteignons l'entrée et débouchons sur le grand marché ; les indigènes y sont courbés en de solennels *salams*, que rythment les invocations à Allah, jetées en longs appels par les marabouts du haut des différentes mosquées ; mais, voici tout à coup la nuit, sans qu'aucun crépuscule l'ait presque précédée, et nous gagnons rapidement le fort.

Nous employons les jours suivants à faire connaissance avec la ville et ses habitants. Pendant les heures délicieuses de la matinée, dès le petit jour, alors qu'une sorte de gelée blanche couvre le sol et tient les indigènes accroupis en tas autour de maigres feux, nous parcourons les différents quartiers, de la grande mosquée, des Marocains, du petit cimetière, du grand marché, du petit marché, des infidèles et d'autres encore. De ce côté, tout est presque prospère, les cases sont bien établies en briquettes d'argile, avec quelquefois un étage; mais de cet autre, ce ne sont que ruines entassées, maisons éventrées, misérables constructions en torchis; on sent là que le Touareg a été le maître, une fois les Marocains chassés; on sent qu'après lui, sont passées les invasions successives de Cheikou Ahmadou avec ses Foulbès, d'El-Hadj Omar et de ses Toucouleurs; on sent qu'après tant de misères, sont encore revenues l'occupation et la tyrannie effroyable des Touareg, massacrant ou abattant tout ce que les autres conquérants avaient laissé debout. Les ruines disent ce qu'a pu être cette ville, au temps de sa prospérité, au XVIe siècle, alors qu'elle comptait peut-être 100.000 âmes; elles disent aussi quels efforts nous aurons à faire pour rappeler à la vie cette cité qui n'a plus guère aujourd'hui que 5 ou 6.000 habitants de population fixe.

Ces courses à travers la ville donnent bien vite cette conviction que Tombouctou est le point de transition entre le nord du Soudan et l'extrême Sud algérien, entre le monde noir et le monde blanc. Dans ses lignes générales, elle apparaît comme une contrefaçon de Sousse ou de Sfax, contrefaçon en terre, puisque le Soudan n'a, dans cette région, aucune pierre à bâtir; mais ces terrasses, où l'on vient goûter le repos du soir, ces mosquées qui s'efforcent de jeter vers le ciel l'élégance de minarets arabes, ces rues étroites et tortueuses, ces portes en bois massif avec leurs gros anneaux de fer et leurs rosaces ajourées, tout a une physionomie d'Algérie, avec quelque chose de plus délabré, de moins clair, de moins éclatant, où le blanc est remplacé par le jaune brun, où le crépissage des murs est moins régulier, où les arêtes tranchent moins par leur netteté et leur régularité, où rien ne donne à l'œil la sensation du solide et du fini.

Dans l'intérieur des habitations de la classe aisée, même impression. C'est d'abord, dès l'entrée, une sorte de corps de garde, où veillent des esclaves armés de lances, puis une ou deux cours intérieures autour desquelles se groupent les logements du maître, ceux de ses femmes et de ses captifs, les pièces servant de magasins ou d'entrepôts, et d'où part, lorsqu'il existe un étage, l'escalier qui permet d'y accéder.

Dans les rues, se mêlent tous les peuples du nord et du centre de l'Afrique. Voici des gens de race blanche, commerçants du Sud marocain, algérien ou tripolitain, venus d'Igli, du Touat, de Ghadamès ou de Ghat à travers le désert, par les pistes de Taoudéni, d'el-Mabrouk ou du Tassili et de l'Adrar nigritien, pour échanger leurs produits, étoffes, tapis, couvertures, armes contre les kolas, les maniocs, les céréales, l'ivoire, le tabac — et, avant notre venue, contre les captifs — que les hommes de race noire, Foulbés, Bambaras, Mossis, amènent avec eux du sud du Soudan. Tantôt quelques Touareg passent d'un air fier, seigneurs de peu d'importance qui viennent trafiquer soit de leurs troupeaux, soit de quelques autruches, ou grands chefs, à l'allure noble, à la taille élancée, tous enveloppés de la tête aux pieds d'une guinée sombre qui ne laisse voir que leurs yeux, et suivis de leurs captifs aux vêtements de cuir. Tantôt aussi débouchent sur la place du grand marché de longues files de chameaux, caravanes de Maures Bérabichs, qui transportent les barres de sel extraites des mines de Taoudéni.

Pour tous ces gens, après les longues marches dans

les sables brûlants du désert ou dans la brousse du Soudan, après les fatigues endurées, Tombouctou apparaît comme une sorte d'Éden où la vie est gaie, reposante, où les mœurs sont faciles. Il est comme le Paris du Soudan occidental ; sa renommée grandit, s'exagère avec les souffrances qu'il a fallu supporter pour y arriver, et, sous le charme de certaines hospitalités intéressées, des marchands venus de l'extrême nord comme de l'extrême sud s'oublient jusqu'à laisser dans ce séjour, réduction terrestre des Paradis musulmans, tout ce que leur ont rapporté leurs longs voyages, leurs peines, leurs travaux, leurs échanges commerciaux.

Les Sonrays ou Songoys dont l'empire s'étendait, vers le xve siècle, avant l'occupation marocaine, sur toute cette partie du Niger jusqu'à Gao, et qui forment avec les Arma ou Rouma, venus autrefois du Maroc, la majeure partie de la population stable, profitent largement des avantages d'une telle situation. Leurs femmes sont extrêmement coquettes, les cheveux roulés en casques et piqués de bijoux de toutes sortes, le corps enveloppé de pagnes aux couleurs violentes et souvent ornementés de broderies de soie, les oreilles et le cou parés de pendeloques d'or et d'argent, l'esprit vif, intrigant, prêt à saisir toutes les occasions de gain. Quant aux hommes, très industrieux, ils exercent les métiers les plus divers ; mais, qu'ils soient maçons, tisserands, menuisiers, teinturiers, âniers ou cordonniers, orfèvres, forgerons, serruriers, ils se montrent d'une assez grande habileté ; les coussins, fourreaux de sabre et de fusil, gris-gris en cuir ou en métal, bijoux de toutes sortes, armes même qu'ils fabriquent ou réparent, méritent l'attention du voyageur.

Au point de vue religieux, on peut dire que Tombouctou est la grande métropole de cette partie du Soudan. Les savants, les marabouts y sont nombreux et l'on vient souvent d'assez loin fréquenter leurs écoles, y étudier la religion musulmane, s'y pénétrer de son code, le Coran, dont tout bon croyant porte toujours du reste quelques feuillets dans un sachet de cuir, suspendu à son cou ou à sa ceinture.

La situation de Tombouctou est exceptionnelle ; elle a valu à cette ville sa prospérité et ses malheurs ; elle donne le droit d'espérer son relèvement, sous notre pacificatrice influence.

Tombouctou est le lieu de réunion des communications, voies fluviales ou pistes de caravanes, vers la Méditerranée, l'Atlantique, le golfe de Guinée et le Tchad. Elle est aussi le point le plus important et le milieu de l'immense ligne qui court du Bas-Sénégal au Centre africain par Kaédi, Nioro, Goumbou, Sokolo, Ras-el-Ma, Gao, Zinder, Barroua et qui marque la limite septentrionale des populations sédentaires et de race noire. A sa hauteur, ou dans ses environs, viennent se mêler, par leur dernière tribu, celle des Bérabichs, les Maures de l'ouest avec les Touareg de l'est. Elle forme, au milieu de la désolation absolue de tout ce qui l'environne, un centre de richesses, un foyer de civilisation soudanaise, un séjour de bien-être dont on ne peut sentir toute la puissance que lorsque l'on a parcouru ces steppes de sable et de brousse desséchée qui, partout ailleurs qu'au sud-ouest, s'étendent à l'infini autour d'elle.

Fatalement, Tombouctou devait exciter les convoitises et, de fait, nul point au Soudan ne fut peut-être aussi souvent et aussi chaudement disputé ; nul n'eut la périlleuse gloire d'attirer sur lui les armées d'un pays de civilisation beaucoup plus avancée, comme le Maroc, et de faire entreprendre à ces armées, comme cela eut lieu à la fin du XVIe siècle, une marche de plus de 2.000 kilomètres dans les sables du désert. Cette situation, qu'elle doit à des causes naturelles, Tombouctou l'a conservée et rien n'empêche qu'elle en bénéficie encore dans une large mesure, maintenant que nous avons rétabli dans ces régions la paix et la sécurité.

Aux environs mêmes de Tombouctou, au sud du fleuve dans toute l'étendue de la boucle, et au nord, jusque vers Araouan, notre influence s'exerce sans conteste ; les nomades, naguère si dangereux, sont presque tous venus à résipiscence complète et il suffit d'avoir, comme précaution contre des guets-apens toujours possibles de groupes d'isolés, quelques tirailleurs et méharistes d'escorte, pour circuler sans grand danger dans toute cette zone.

Nous ne nous en faisons pas faute, trop désireux de pouvoir étudier les nomades chez eux pour ne pas utiliser cette magnifique porte de sortie du Soudan, que nous offre Tombouctou. Aujourd'hui, c'est une course en pirogue, qui nous mène sur le Niger jusqu'au défilé de Tosaye par Rhergo et le poste français de Bamba, dans un paysage brûlé, où s'aperçoivent rarement des villages pauvres, aux huttes faites de simples nattes, aux toits ronds et aplatis, avec, par endroits, quelques palmiers nains, des mimosas étiques, des cotonniers. D'autres fois, ce sont de longues et nombreuses étapes à méhari sur les directions d'Araouan, d'el-Mabrouk, de l'Adrar nigritien ou de la rive sud du Niger.

Oh ! le trot des méhara, cette allure déhanchée, qui les premiers jours vous donne une sensation de vertige et de mal de mer ! Oh ! ce paysage d'une uniformité désespérante, la marche de points d'eau en points d'eau, de puits en puits ou de mare en mare, dans un continuel vallonnement de dunes successives, tantôt en plein sable, tantôt au milieu d'arbrisseaux rabougris, et sans aucun point de repère qui nous permette de nous orienter et de contrôler les affirmations de nos guides ! Ceux-ci sont nos maîtres ; il faut les suivre aveuglément ; de jour ou de nuit, ils partent sans hésitation dans la direction voulue, sans que nous puissions voir à quel signe ils se reconnaissent, et ils nous amènent, sans erreur, là où nous trouverons l'eau si ardemment attendue, l'eau sans prix, souvent bourbeuse, mais bonne quand même, bonne parce qu'elle est la chose indispensable, la vie. Là, près de cette eau, nous formons notre monde en un carré; nous nous entourons de haies d'épines ; nous plaçons nos sentinelles ; nous nous installons tant bien que mal, perdus dans ces immensités de sable dont, sous le soleil couchant, les dunes moutonnent à l'horizon, puis se fondent peu à peu, à la venue de la nuit, en des teintes grisailles, pour ne plus former ensuite qu'une masse sombre dans la mystérieuse obscurité. Nos feux brillent pour écarter les fauves ; un Blanc veille avec une fraction de « piquet » pour répondre aux rôdeurs ; le reste dort, accablé par la chaleur de la journée passée, par la fatigue de la route, et, le lendemain, avant l'aurore, la marche reprend, à la suite de ces guides tout-puissants, qui vont encore nous mener vers l'eau de l'étape prochaine.

Pourtant, ces steppes désertiques ont leur vie

propre, leur animation spéciale, surtout en ce milieu de la saison sèche, que marquent les mois de février, mars et avril. C'est l'époque des transactions commerciales. Le riz, le mil, le tabac que les nomades avaient en réserve sont consommés ; il faut venir les remplacer à Tombouctou ou dans les villages voisins. La maigre brousse de ces régions est brûlée, desséchée ; il faut pousser vers le Niger les troupeaux, les chameaux mêmes, les mettre au « pacage » sur les bords du fleuve. Ce sont là du reste autant de sources de revenus pour la colonie ; ce sont là aussi autant de moyens dont elle dispose pour punir et forcer à la soumission les tribus rebelles ; car il suffit, pour les frapper dans leur vie même, de leur interdire tout achat de céréales ou tout pâturage sur nos territoires.

Jusqu'aux premières pluies de fin juin, ce sera une sorte d'exode vers le fleuve. Au nord de Tombouctou, se succèdent des caravanes de Maures Bérabichs chargées du sel de Taoudéni, des campements de ces nomades qui se déplacent suivis d'immenses troupeaux, des groupes de commerçants qui arrivent de l'extrême nord, avec de longs convois de marchandises ; le tout, sauf les captifs qui vont à pied, monté à chameaux et se dessinant quelquefois à l'horizon en de fantastiques silhouettes ; le tout armé aussi de longs fusils à deux coups se chargeant par la bouche et parfois même, comme certains Bérabers, d'armes d'un récent modèle à répétition. Vers l'est et le sud, même décor et même spectacle ; le Touareg se substitue au Maure ; la gomme de l'Aribinda remplace le sel de Taoudéni ; le long fusil fait place à la lance de jet, au poignard et à l'épée, armes que porte à la fois tout

Touareg de quelque importance ; mais les campements conservent le même aspect et les troupeaux suivent aussi nombreux en animaux nerveux, desséchés comme le pays où ils vivent.

Que d'observations à faire dans ces campements de nomades, qui vont de mare en mare, épuisant tout ce que peut donner le sol là où ils se sont arrêtés, puis se transportant ailleurs, vivant ainsi dans un mouvement de va-et-vient perpétuel, réglant leurs déplacements sur les saisons : de longues lignes de tentes, en toile blanche ou faites de simples abris en branchages pour les captifs, en poils de chameau et de teinte brune pour les libres, et, dans ces dernières, au-dessus du sol, des sortes de tréteaux avec des couvertures, des tapis, des *tiougouts* [1], sur lesquels on s'étend pour dormir et se reposer ; dans les intervalles, des groupes de femmes, d'hommes à l'allure biblique, à la silhouette des personnages des scènes de la *Fuite en Égypte*, parcourent le campement ou palabrent accroupis en cercle ; ailleurs, des jeunes filles, assises sur leurs talons autour de quelque immense calebasse, se gavent de petit lait caillé, régime auquel elles se soumettent jusqu'à ce qu'elles atteignent un embonpoint tel qu'elles ne puissent plus marcher sans l'aide de leurs captives. C'est là l'idéal de la beauté au désert et le contraste y est piquant de l'homme au corps et à la face d'ascète et de la femme déformée, aux chairs lourdes et molles. Rien n'est pourtant plus gracieux, plus délicat et plus académiquement parfait, avant qu'elle n'ait subi cet engraissement systématique, que la fille du nomade, avec ses yeux bleus de gazelle, ses

[1] Assemblages de peaux d'agneaux mort-nés.

attaches fines, sa taille svelte, ses mains soignées, petites, aux doigts allongés, ses cheveux lisses coquettement relevés sur le sommet de la tête ou quelquefois tombant sans apprêt sur les épaules.

Campements de Maures ou de Touareg se retrouvent dans ce tableau général ; la vie nomade leur impose des conditions d'existence identiques et pourtant bien des points les séparent.

Physiquement, le Maure n'a pas l'allure de race du Touareg ; moralement, il n'en a ni l'esprit élevé, ni la bravoure, ni l'énergie, ni la fidélité relative à la parole donnée. Pillard et cruel comme lui, il n'a pas le même mépris hautain pour ce qui touche au commerce, à l'agriculture, la même et exclusive admiration pour le métier des armes. Il n'admet pas ses femmes, comme le font les Touareg, à s'occuper des affaires publiques, mais il les tient cachées aux yeux des infidèles, avec la même farouche jalousie. En tout, même en religion, le Maure semble se contenter des apparences ; le Touareg va plus au fond et reste plus attaché à ses idées, à ses traditions. Ce dernier est donc un ennemi plus dangereux, plus difficilement réductible, mais aussi plus profondément et plus solidement frappé par notre force, quand nous lui en donnons quelque preuve.

Or, si notre arrivée dans la région de Tombouctou a été signalée par des accidents malheureux, comme ceux du massacre de la colonne Bonnier en 1894 et du désastre de Séréri en 1897, nous y avons depuis affirmé notre puissance, soit par des opérations continues de police qui ont pacifié toute cette zone de la boucle du Niger et des grands lacs, soit par des missions à grande envergure, comme celles qui ont convergé sur le Tchad en 1899-1900 et qui ont prouvé aux nomades que leurs sables ne sauraient les mettre à l'abri de nos coups. Les plus rebelles et les plus turbulents ont compris qu'ils devaient se soumettre ; cette soumission ne doit pas être jugée d'après la valeur propre des steppes qu'elle peut placer sous notre autorité, mais d'après la sécurité qu'elle donne aux transactions commerciales des sédentaires et à leurs établissements dans des terrains aussi fertiles que ceux de la vallée du fleuve : à ces derniers points de vue tout au moins, elle était nécessaire et mérite les efforts que l'on a dû faire pour l'obtenir.

Ainsi peu à peu, de courses en courses, nous avions atteint la fin d'avril ; nous n'avions plus guère qu'un mois et demi avant le commencement des pluies ; il était temps de nous mettre en route si nous voulions revenir à Kayes sans trop avoir à souffrir des tornades de l'hivernage. Nous ne reprendrons pas, bien entendu, la route du Niger et de Badumbé, déjà parcourue ; nous suivrons la piste qui court par les postes nord du Soudan français, Goundam, Sumpi, Sokolo, Goumbou, Nioro, et aboutit à Médine sur le Sénégal. Cette piste ouvre une communication directe entre Tombouctou et Kayes ; elle longe au sud les territoires de parcours des Maures, dont nous avons vu l'une des tribus, celle des Bérabichs au nord du Niger ; elle nous permettra peut-être d'entrer en contact plus complet avec ces nomades.

Notre plan ainsi tracé, nos bagages soigneusement répartis en caisses de 25 kilogrammes dont chacune sera confiée à un porteur indigène, notre escorte de tirailleurs constituée, nous quittons Tombouctou, par une belle nuit de mai, bien avant le lever du soleil. C'est ainsi qu'il nous faudra marcher; car nous sommes dans les mois les plus chauds de l'année. Dans la journée, le thermomètre monte à l'ombre à 50, quelquefois 51 et 52°. Même aux heures de la soirée ou de la matinée, où la nuit est complète, on sent subitement des souffles chauds qui vous enveloppent; on a l'impression de se trouver tout à coup à l'entrée d'un four de boulanger ; on halète, les membres brisés, les nerfs tendus ; l'esprit, que rien ne distrait dans l'obscurité, rêve à la Patrie si lointaine, apparaissant comme un séjour très doux, très frais; ce souvenir vous réveille; on presse son cheval, on se secoue, pris de quelques frissons de fièvre qui vous zèbrent le dos de rapides zigzags, et, lorsque commence à apparaître à l'horizon d'une dune le globe monstrueux du soleil, on le salue de gaies interpellations, comme, en campagne, on salue l'ennemi dont l'arrivée éclaire la grise monotonie des jours sans combats.

De Tombouctou à Goundam, nous avions eu le rare bonheur de marcher par de magnifiques clairs de lune, qui faisaient miroiter au loin les eaux du Niger, des lacs ou des mares, et qui découpaient dans les sables les dessins les plus variés d'ombres pâles et de jaune très clair. Nous étions ainsi passés à Tacoubao, au point où, quelques années plus tôt, avaient été frappés le colonel Bonnier et ses compagnons, et, aujourd'hui encore, aucune impression ne nous est restée plus vive que celle que nous éprouvâmes au milieu de ce décor de mimosas et de gommiers, qui, sous les rayons de la lune, striaient la brousse des ombres de leurs branches entre-croisées en croix, en appareils funèbres, tachetés d'un pâle argent; jamais morts ne nous apparurent plus près de nous que dans le silence de ces solitudes immenses, où l'esprit a une puissance d'évocation qui va jusqu'au mirage et à l'hallucination.

Passé Goundam, poste français construit près d'un village en terre et à la pointe du lac de Télé, la lune nous abandonna, et notre route vers les autres postes de Sumpi, Nampala, Sokolo, se continua, pendant la première partie des marches, par des nuits obscures. Peu après Sumpi, il fallut nous munir de réserves d'eau pour nos étapes, aucune mare n'étant là pour nous en fournir ou celles qui existent étant complètement desséchées; de temps à autre cependant, sur la piste, un puits a été creusé, quelquefois à une profondeur de 60 ou 70 mètres, et on y renouvelle sa provision.

Dans tous ces postes, les Maures affluent; mais à Sokolo, on nous dissuade de pousser quelque pointe vers le Nord. Les Allouchs viennent d'avoir maille à partir avec la colonie et ce serait aller contre les principes mêmes d'une sage politique que de s'aventurer chez eux, sans une escorte assez nombreuse pour les forcer au respect, quoi qu'il arrive.

Toutes ces tribus maures, qui nomadisent entre l'Atlantique et Tombouctou, dans l'Adrar mauritanien, le Tagant, le el-Hodh ou l'Azaouad, sont à la fois très turbulentes et livrées à l'anarchie la plus complète. Quand elles ne s'attaquent pas aux villages frontières du Soudan, ce qu'elles n'osent plus guère depuis que nous sommes là pour protéger les Noirs, elles guerroyent entre elles ou se déchirent en luttes intestines. Elles sont une quinzaine de grandes tribus : Allouchs, Meschdoufs, O. Mahmouds, Embarks, Douaïchs, Trarzas, Braknas, Kountas, O. Nacers, etc., et autant de petites tribus, qui déplacent leurs campements dans la zone qui s'étend au sud du désert de el-Djouf et que l'on nomme « le Sahel ». Tous ces groupes donnent eux-mêmes naissance à d'autres groupes et sous-groupes, à tel point que le nombre en devient infini; ce sont des divisions et aussi des dissentiments perpétuels. Dans leurs terrains de parcours, point de centres habités ; au nord seulement, en bordure du désert, Araouan, dont nous avons déjà parlé, Oualata, Tichit, Chingueti, Ouadan, villages composés de cases très rudimentaires en terre et où les caravanes apportent, pour les échanger entre eux, les produits du Maroc et ceux du Soudan. A l'ouest du « el-Djouf », symétriquement aux mines de sel de Taoudéni, se trouvent celles de la Sebkha d'Idjil ou Sebkha el-Khandara[1], au débouché des pistes qui du Maroc mènent dans l'Adrar mauritanien. Les Bérabichs exploitent le sel de Taoudéni, les Kountas celui de la Sebkha d'Idjil ; ce dernier arrive sous forme de barres de 25 kilogrammes dans nos postes de Nioro, Goumbou. Les troupeaux, les plumes d'autruches, la gomme de deux grandes forêts situées l'une au nord de Nioro, l'autre au nord de Sokolo, complètent les objets de commerce dont disposent les Maures.

A Gombou, nous visitons l'autrucherie que la colonie a installée à Karounga, puis obtenons de pousser quelques reconnaissances vers le nord dans la direction de Oualata, au milieu de campements semblables à ceux précédemment vus, dans des terrains de steppes herbeux, où le soleil de mai a tout dévoré,

[1] Mots qui signifient : « Grand lac salé bleu ».

tout calciné, vidant les mares, dépouillant les arbrisseaux de leur peu de feuilles.

Quand nous quittons Goumbou, vers la fin de juin, en route pour Nioro, éclatent les premières tornades. Ah ! combien serait délicieuse la pluie, survenant après sept ou huit mois de beau fixe et d'implacable soleil, si elle ne se présentait pas avec des caractères de violence qui font la craindre plutôt que la désirer ! Malheur au voyageur qu'elle surprend en route sans abri ! La chaleur devient suffocante, l'air irrespirable, l'oppression telle que l'on se sent comme comprimé entre le ciel et la terre. A l'horizon, vers l'est généralement, s'accumulent des montagnes de nuages d'un noir d'encre ; ils accourent rapidement, poussés par un vent violent, précédés de colonnes de poussière qui tournoient, se précipitent, rasent la brousse, brisent les arbres, décoiffent les cases ; bêtes et gens n'ont plus qu'à se terrer dans un pli de terrain, à s'agripper au sol et à attendre. Derrière la rafale, qui passe en tempête et que suivent d'autres rafales, voici quelques larges gouttes de pluie, puis tout à coup un déluge d'eau, qui s'abat en flaques énormes, se rue sur le sol, en fouille les moindres abris, remplissant les mares, les marigots, passe enfin, laissant à sa suite, en une traînée de durée variable, une pluie semblable à celle des climats tempérés. Alors on respire à pleins poumons, les nerfs détendus, et on reprend la marche, sous un ciel grisaille, sur un sol rafraîchi, détrempé, que quelques heures suffiront à sécher complètement.

Mais si, la tornade terminée, on a à franchir un marigot, on sera souvent forcé d'attendre que la masse d'eau qui s'y précipite en un rapide courant se soit écoulée. Ce sera au Sahel une affaire de trois ou quatre heures, à moins que l'on ne préfère se jeter à la nage ou se suspendre, comme le font les indigènes, à une calebasse que tirent à eux deux vigoureux nageurs. L'important, en tout cas, sera, après tous ces bains successifs, de se réchauffer, de prendre, si on le peut, des vêtements secs sans quoi la fièvre vous saisira vite de ses peu agréables grelottements. C'est ainsi trempés de la tête aux pieds que nous apparûmes devant Nioro, et jamais poste ne nous parut situé plus à point.

Nioro peut être considéré comme le grand centre de nos relations avec les Maures ; c'est le Tombouctou de l'ouest. De Nioro, on gagne l'extrême Sud marocain, le cap Juby et l'O. Noun par l'Adrar mauritanien, la Sebkha d'Idjil, le Saghiet et-Hamra, sans avoir, à proprement parler, à traverser des zones de désert absolu. La population de la ville, composée de Maures sédentaires, d'Ouoloffs, de Toucouleurs, de Bambaras, de Peuhls, de Sarracolets, s'élève à 4 ou 5.000 âmes ; le commerce est actif ; les cases en terre, toutes reconstruites depuis notre occupation, s'alignent en de larges avenues, qui viennent converger sur le poste français ; ce poste est installé dans l'ancien *tata* du sultan Ahmadou, vaste quadrilatère de 200 mètres de côtés, entouré de murs hauts de 5 à 6 mètres, larges à la base de 7 à 8, murs construits en pierres venues d'on ne sait où, monument extraordinaire qui a dû exiger les plus longs et les plus pénibles efforts.

Nioro donne l'impression d'une « ville soudanaise » en pleine prospérité, où aucune ruine n'attriste la vue. Sa situation peut lui réserver un avenir considérable. Nous eûmes grand plaisir à y séjourner quelque temps et à y vivre au contact des tribus maures du el-Hodh, du Tagant et de l'Adrar, avant de reprendre la direction de Kayes.

Maintenant que nous sommes en « hivernage », avec un soleil moins violent, nous marchons à grande journée, matin et soir, bien que la chaleur soit humide et lourde. Cinq jours nous mènent au poste français d'Yélimané, bâti à l'européenne ; cinq autres jours nous conduisent sur le Sénégal, à Médine, grande escale où se concentre la majeure partie du commerce avec les Maures et où prospèrent un grand nombre d'établissements de traitants européens. De Médine, quelques minutes de chemin de fer nous permettent de gagner Kayes.

Quand en juillet de l'année suivante nous devons rentrer en France, le fleuve coule à pleins bords. De grands bateaux, qui franchissent la barre de Saint-Louis, arrivent en ce moment jusqu'à l'ancienne capitale du Soudan et la mettent en communication directe avec Bordeaux ; c'est sur l'un d'eux que nous nous embarquerons.

Huit jours plus tard, à la nuit tombante, nous longions les quais de Saint-Louis, sans atterrir. Bientôt de violents mouvements de roulis et de tangage nous secouaient ; nous passions la barre et, quelques instants après, nous voguions vers le large.

TABLE DES MATIÈRES

ÉVREUX, IMPRIMERIE DE CHARLES HÉRISSEY

Paris. — Imp. E. CAPIOMONT et Cⁱᵉ, rue de Seine, 57.

www.ingramcontent.com/pod-product-compliance
Ingram Content Group UK Ltd.
Pitfield, Milton Keynes, MK11 3LW, UK
UKHW021849190726
13855UKWH00001B/230

9 782013 283656